适应新型电力系统的电力需求侧管理市场化机制研究

赵晓东　邓良辰　王　娟◎著

中国经济出版社
CHINA ECONOMIC PUBLISHING HOUSE
北　京

图书在版编目（CIP）数据

适应新型电力系统的电力需求侧管理市场化机制研究 / 赵晓东，邓良辰，王娟著. -- 北京：中国经济出版社，2024. 11.（2025. 10 重印）-- ISBN 978-7-5136-7963-3

Ⅰ. F426. 61

中国国家版本馆 CIP 数据核字第 2024X43S38 号

责任编辑　冀　意
责任印制　马小宾
封面设计　久品轩

出版发行　中国经济出版社
印 刷 者　北京建宏印刷有限公司
经 销 者　各地新华书店
开　　本　710mm×1000mm　1/16
印　　张　12
字　　数　153 千字
版　　次　2024 年 11 月第 1 版
印　　次　2025 年 10 月第 2 次
定　　价　88. 00 元
广告经营许可证　京西工商广字第 8179 号

中国经济出版社 **网址** http://epc. sinopec. com/epc/ **社址** 北京市东城区安定门外大街 58 号 **邮编** 100011
本版图书如存在印装质量问题，请与本社销售中心联系调换（联系电话：010-57512564）

序一

PREFACE 1

当今时代，世界能源发展呈现新趋势新格局，全球能源体系加快转型，绿色低碳成为发展主旋律。面对时代之问、人民之问、世界之问，以习近平总书记为核心的党中央从国家发展和安全的战略高度，找到顺应能源大势之道，创造性提出能源安全新战略。我国深入推进能源革命，从长远看，就是要建成以非化石能源为供应主体，以电力为主要终端用能，以新型电力系统为平台枢纽，供需双方灵活智能互动，绿色安全经济有效统一，清洁低碳安全高效的新型能源体系。新型电力系统是新型能源体系的重要组成和实现碳达峰碳中和目标的关键载体。随着数字化智能化技术与能源电力系统深度融合，对电力需求侧管理提出了更高要求。

电力需求侧管理发轫于20世纪70年代，已在30多个国家应用，在推进节能降碳、完善市场机制、创新商业模式方面具有大量的理论和实践研究成果。我国20世纪90年代开始引入电力需求侧管理，在实践中不断完善，分别于2010年、2017年、2023年发布了三版电力需求侧管理办法，指导各地、各部门在节约用电、需求响应、绿色用电、电能替代、智能用电、有序用电等方面规范电力需求侧管理。在相关政策指引下，有必要结合新型电力系统发展的实践要求开展相应理论研究，这对持续深化我国电力需求侧管理、进一步支撑电力系统安全、经济、高效、绿色运行等方面具有重要意义。

本书作者是能源研究所系统分析研究中心的中青年业务骨干，主要从事新型电力系统、电力体制改革等方面研究，工作有激情、善学习、肯钻研，曾参与电力需求侧管理办法等政策前期研究，本书也是他们近年来相关研究积累的成果体现。本书研究内容坚持目标导向和问题导向，在加快建设新型电力系统和构建全国统一电力市场的背景下，全面总结国内外电力需求侧管理的发展历程和研究现状，通过量化模型创新性开展电力需求侧管理成本效益分析和市场模式分析，梳理地方和企业在电力需求侧管理方面的新技术、新模式、新业态等实践案例，并提出进一步深化电力需求侧管理的对策建议。希望本书可以成为从事相关工作读者的知识普及手册和具有一定启发意义的专业参考书籍。

中国宏观经济研究院能源研究所副所长

2024 年 11 月

序二

PREFACE 2

在经济社会发展全面绿色转型的战略引领下，我国正加速构建新型电力系统。新型电力系统不仅在清洁能源利用和智能化管理上取得重大突破，更要求实现供需两侧的协同发展和灵活调节。电力需求侧管理作为调动用电侧资源配置的重要手段，通过节约用电、需求响应、负荷管理等措施引导电力消费行为，其助力新型电力系统加快构建的作用不断被深化。与此同时，随着全国统一电力市场建设的持续加速，充分发挥市场在资源优化配置中的决定性作用，进一步提升需求侧资源利用效率、激发各类主体积极参与，已成为业界关注的焦点。在此背景下，本书系统梳理了国内外电力需求侧管理的实践经验，深入探讨了市场化机制在电力需求侧管理中的创新应用，提出了适合我国国情的电力需求侧管理市场化发展模式，为相关政策的完善和机制创新提供参考。

本书是课题研究成果的系统总结。赵晓东、邓良辰、王娟负责全书的策划组织，周伏秋和冯升波为本书的技术顾问。全书分为六章：第一章概述了需求侧管理的背景及国内外发展现状，由王娟、费佳颖、赵晓东、周伏秋、冯升波执笔；第二章以美国、欧洲等为代表的国际实践为例，梳理了国外推广电力需求侧管理的模式和市场化应用经验，由邓良辰、赵晓东执笔；第三章针对电价和激励引导两个方面，探索性地对需求侧资源调整成本进行初步测算和分析，由赵晓东、王娟、邓良辰、周伏秋执笔；第四章提出了论述在电力市场化改革背景下，需求侧资源涉及的相关市场机制、价格机制等的现状，需求侧资源参与电力市场、资源环境市场等面临的问题与挑战，并提出不同阶段需求侧资源参与电力市场的可能架构和路径，由赵晓东执笔；第五章基于国内的典型实践，从地区维度和企业维度分别对实践探索和典型案例进行梳理分析，由邓良辰、赵晓东、王娟执笔；第六章结合中国新型电力系统的发展目标，提出进一步优化需求侧管理的政策建议，为市场化发展提供支持，由王娟、赵晓东、邓良辰、周伏秋、冯升波执笔。

课题研究工作自始至终得到了国家和地方相关业务主管部门以及中国宏观经济研究院有关领导和专家的悉心指导与热情帮助，得到了国家电网有限公司市场营销部、中国南方电网有限责任公司市场营销部、国家电力投资集团有限公司经营管理部、中国华电集团有限公司市场营销部、中国电力企业联合会、中国有色金属工业协会、中国钢铁工业协会、中国电力科学研究院、国网能源研究院、南方电网能源发展研究院、清华大学、中国人民大学、华北电力大学、国网（江苏）电力需求侧管理指导中心有限公司、中电联工业领域电力需求侧管理促进中心、上海市电力负荷管理中心、江苏省电力负荷管理中心、浙江省电力负荷管理中心、安徽省电力负荷管理中心、广东省电力负荷管理中心、海南省电力负荷管理中心、云南省电力负荷管理中心、深圳虚拟电厂管理中心、国网安徽省电力有限公司电力科学研究院、国网福建省电力有限公司经济技术研究院、万邦数字能源股份有限公司、云智环能科技（北京）有限公司、潮流能源科技有限公司等合作单位及相关专家的支持和帮助。课题组在此对他们表示衷心的感谢。

本书的研究成果是广东省新型电力系统技术创新研究指南项目

“新型电力系统中需求响应激励机制研究”、国家电网公司总部科技项目“支撑新型电力系统负荷精准管理的辅助决策与仿真评估关键技术研究”以及中国宏观经济研究院基础课题项目的产出之一，感谢广东能源局、国家电网公司和中国宏观经济研究院的信任与支持。

当前，适逢我国新型电力系统快速推进的重要时期，电力需求侧管理正发生快速的升级迭代，许多问题仍是当前行业中的热议焦点。尽管课题组开展了大量的调研、座谈和研究工作，投入了大量的精力，但受时间和研究水平所限，研究成果难免有所疏漏，研究结论仅代表课题组意见，不足之处，请专家、同仁、读者批评指正。

课题组

2024 年 11 月

目录

CONTENTS

第一章

背景及综述

电力需求侧管理在国内外均经历了长期发展过程，作为电力运行调节和用电行为引导的手段，其定义和内涵不断拓展和变化。根据《电力需求侧管理办法（2023 年版）》，电力需求侧管理是指“加强全社会用电管理，综合采取合理可行的技术、经济和管理措施，优化配置电力资源，在用电环节实施节约用电、需求响应、绿色用电、电能替代、智能用电、有序用电，推动电力系统安全降碳、提效降耗”。当前，我国正在加快构建新型电力系统。与传统电力系统相比，新型电力系统具有清洁低碳、安全充裕、经济高效、供需协同、灵活智能等新特征，而涉及广大用户、具备海量资源潜力的电力需求侧有望在新型电力系统建设中发挥越来越大的作用。

一、新形势与新要求

随着经济社会发展水平和能源供给保障能力的提高，能源电力供需形势不断变化。同时，新型电力系统建设正在加快推进，电力系统的形态特征也发生着深刻变化。电力需求侧管理在电力供需新形势、新型电力系统新特征，以及全国统一电力市场建设新背景下，面临着新的机遇和更高要求。

（一）电力消费持续快速增长，供需平衡面临日趋复杂的挑战

近年来，我国用电量增长势头强劲。2023 年，我国全社会用电量达

9.22 万亿千瓦时，比 2016 年增长了 3.10 万亿千瓦时，年均用电量增量达 3800 亿千瓦时，年均增速超过 7%；同期人均用电量达 6539 千瓦时，年人均用电量增量为 256 千瓦时。如图 1-1 所示。

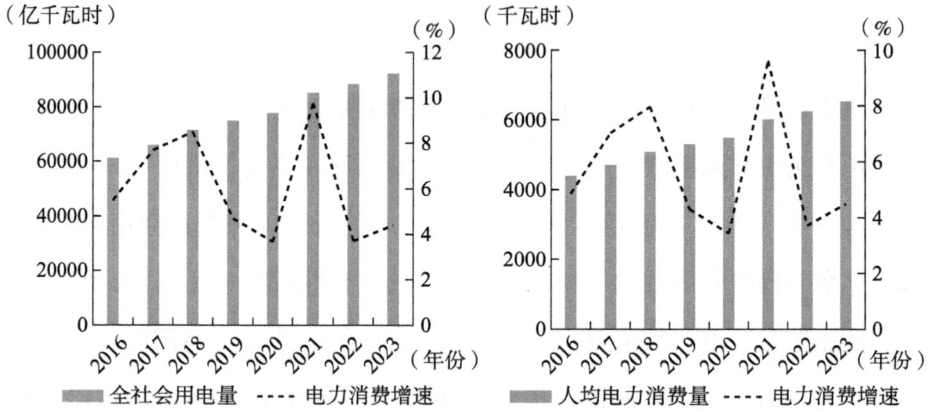

图 1-1　我国电力消费增长形势

资料来源：国家统计局、中国电力企业联合会。

分产业来看。第一产业用电量受乡村振兴持续推进、乡村电力基础设施不断完善、乡村产业电气化改造加速等因素影响，保持快速增长势头。第二产业中，四大高载能行业用电量呈中速增长趋势，高技术及装备制造业尤其是电气机械和器材制造业用电量增速领先，电动载人汽车、锂电池和太阳能电池等“新三样”生产相关用电是工业超额用电的主要来源。第三产业复苏态势明显，用电量恢复快速增长。

在电力消费超预期快速增长的同时，电力供需平衡也面临着日趋复杂的挑战。长期来看，我国电力消费仍将维持稳步增长趋势。虽然电力供应总体充足，但是地区性、时段性供需失衡与供应压力并不鲜见。并且，随着新能源装机规模的快速扩大，电源侧波动性明显上升，与负荷侧波动性上升趋势叠加，出现时段性供应缺口的风险加大。由于风、光等新能源资源主要集中在西部地区，随着西部地区大型新能源基地建设的推进，电力远距离输送的规模不断扩大，新能源间歇性、波动性发电出力和电力负荷峰谷呈现明显错配，目前跨省跨区送电“低谷不要、高峰不送”问题已显现，也影响了新能源消纳和受端电力供应稳定。

在电力供需新形势和新挑战下，进一步优化和完善电力需求侧管理的必要性与重要性显著增强。开展电力需求侧管理，不仅可以通过节约用电合理有序引导电力消费，减少电力浪费；也可以通过需求响应引导用电行为，实现削峰填谷调节；还可以通过电能替代、绿色用电等方式，促进新能源消纳。由此可见，电力需求侧管理是适应和应对电力消费新趋势和电力供需新形势的重要抓手。

（二）新型电力系统呈现新特征，电力需求侧内涵功能大幅拓展

党的二十大报告提出，加快规划建设新型能源体系。二十届三中全会《中共中央关于进一步全面深化改革、推进中国式现代化的决定》提出加快规划建设新型能源体系，完善新能源消纳和调控政策措施。电力系统是能源体系的重要组成部分，为顺应新形势与新要求，电力系统在功能定位、供给结构、系统形态、运行机理、调控体系等方面都将发生深刻变革，具体表现为：一是电力系统功能定位由服务经济社会发展向保障经济社会发展和引领产业升级转变；二是电力供给结构由以化石能源发电为主体向新能源提供可靠电力支撑转变；三是系统形态由“源网荷”三要素向“源网荷储”四要素转变与电网多种新型技术形态并存；四是电力系统调控运行模式由“源随荷动”向“源网荷储”多元智能互动转变。①

随着电力系统转型加速发生深刻变革，其面临的挑战也在发生变化，

① 《新型电力系统发展蓝皮书》编写组．新型电力系统发展蓝皮书［M］．北京：中国电力出版社，2023.

最突出的表现是对系统综合调节能力需求的大幅提升。新能源装机规模及其占比的快速增长，使电力系统灵活调节资源捉襟见肘。新能源间歇性、随机性、波动性的物理特性，也使系统调节更加困难也更为迫切，系统平衡和安全问题与日俱增。仅依靠电源侧解决系统调节的问题，不仅成本较高，而且面临着资源环境方面的约束，电力需求侧资源对电力系统调节的作用并未得到足够重视。但从机理上看，需求侧的灵活调节与电源侧的灵活调节一样，都是电力系统调节能力的组成部分，其功能作用应充分发挥。

新型电力系统建设不仅对电力需求侧管理提出了新要求，也对电力需求侧管理内涵与功能的拓展起到了促进作用。电力需求侧管理工作最初以电力电量节约为主，而对灵活调节潜力的挖掘不足。新型电力系统下，可控对象从“以源为主”扩展到“源网荷储”各环节，特别是打破了传统电力系统平衡思路，由“源随荷动”转向“源网荷储”，这就意味着电力需求侧可以通过主动调节保障系统运行，需求响应成为其功能拓展的重要体现。此外，新型电力系统以绿色化和智能化为重要特征，电力需求侧管理的内涵也进一步拓展，涵盖了绿色用电和智能用电等方面。

（三）电气化水平稳步提升，电力需求侧资源规模逐步扩大

电能具有清洁、安全、便捷等优势，我国电气化进程持续向前推进，特别是近年来电能替代在各行各业各领域加速实施，促进终端用能电气化率进一步提升。根据国家统计局数据核算，2022 年，我国电能占终端能源消费比重达到 27%，电气化发展整体水平在全球位居前列，如图 1-2 所示。其中，工业、农林牧渔、居民等领域的电气化率分别达到 26.7%、30.6%、36.8%。

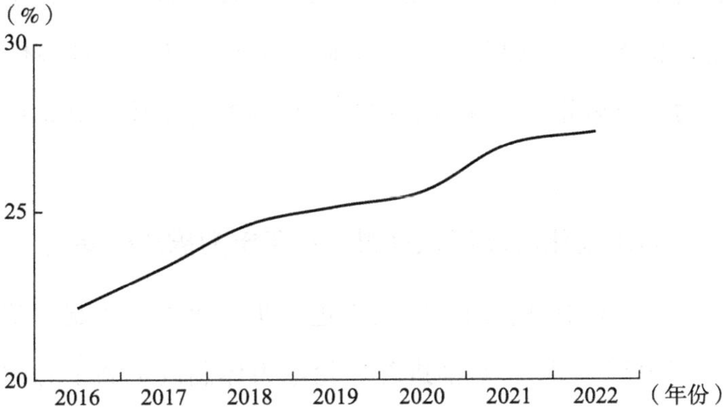

图 1-2 我国终端电气化率发展形势

资料来源：国家统计局。

从未来趋势来看，我国将在工业、建筑、交通、农业农村等领域，继续推进以电代煤、以电代油等，持续提升终端用能电气化水平。例如：①在钢铁、石化化工、有色金属、建材等高耗能行业，以及其他行业的加热、烘干、蒸汽供应等环节，推广电炉钢、电锅炉、电窑炉、电加热、高温热泵、大功率电热储能锅炉等技术装备；②对工业生产过程中的低温热源进行电气化改造；③在交通领域推广电动汽车、电动船舶、铁路电气化等。根据中国电力企业联合会的预测，到 2025 年，我国电能占终端能源消费比重将超过 30%。

随着电能替代的推进和终端用能电气化水平的提升，多元用电负荷的涌现将推动更丰富的需求侧资源种类、规模更加可观，从而为电力需求侧管理的创新优化奠定坚实基础。比如，工业领域推广的电炉钢、电锅炉、电窑炉、电加热等替代工艺和技术装备，在扩大电气化终端用能设备使用比例的同时，提升了工业领域参与需求响应的能力；又如，交通领域加快推进交通工具电气化，大力推广电动汽车，截至 2023 年，我国新能源汽车渗透率已达 31.6%，车网互动与智能用电的深度结合将发挥巨大的发展潜能；再如，建筑领域大型公共建筑围绕减碳提效实施电气化改造，也可以通过虚拟电厂的聚合，形成巨大的需求侧资源。随着电能替代的持续推进，未来电力需求侧管理将涵盖更加多元化的参与主体，具备庞大的需求侧资源规模。

（四）电力市场化改革深入推进，利于电力需求侧参与市场

2015 年，《中共中央、国务院关于进一步深化电力体制改革的若干意见》（中发〔2015〕9 号）对推进新一轮电力体制改革做了总体部署，提出“三放开、一独立、三强化”的改革方向和实施路径，即“有序放开输配以外的竞争性环节电价、有序向社会资本放开配售电业务、有序放开公益性和调节性以外的发用电计划，推进交易机构相对独立和规范运行，强化政府监管、强化电力统筹规划、强化电力安全高效运行和可靠供应”。随后，6 个配套文件从重点领域明确了有序开展电力市场化改革的清晰路线。

其中，《关于推进电力市场建设的实施意见》作为 6 个配套文件之一，明确了电力市场建设的总体要求和实施路径，提出了电力市场构成和功能定位，主要包括中长期市场和现货市场：中长期市场主要开展多年、年、季、月、周等日以上电能量交易和可中断负荷、调压等辅助服务交易；现货市场则主要开展日前、日内、实时电能量交易和备用、调频等辅助服务交易，待条件成熟时，探索开展容量市场、电力期货和衍生品等交易。

近年来，我国电力市场化改革和市场体系建设向纵深推进，电力现货市场试点开始扩围、经营性发用电计划全面放开、市场化交易规模进一步扩大，市场在电力资源配置中的作用得到越来越好的发挥。第一，在交易规模方面，据中国电力企业联合会统计，2023 年，全国电力市场交易电量达 5.7 万亿千瓦时，同比增长 7.9%，占全社会用电量比重达到 61.4%。第二，在市场建设方面，市场体系不断完善，中长期市场为“压舱石”、

现货市场为“风向标”、辅助服务市场为“调节器”，中长期交易、现货交易、辅助服务交易有机衔接。第三，在交易主体方面，发用电计划放开提高市场活跃度、扩大交易主体范围，从 2017 年“逐年减少既有燃煤发电企业计划电量”，到 2018 年“全面放开煤炭、钢铁、有色、建材四大行业用户发用电计划”，再到 2019 年“经营性电力用户的发用电计划原则上全部放开”，电力交易主体类型不断丰富。截至 2023 年底，在交易机构注册的主体数量达到 70.8 万家，涵盖发电企业、电力用户、售电公司、电网企业，以及分布式电源、负荷聚合商、储能、虚拟电厂等新型经营主体。展望市场建设方向，2022 年 1 月 18 日，《国家发展改革委　国家能源局关于加快建设全国统一电力市场体系的指导意见》（发改体改〔2022〕118 号）明确构建多层次市场的建设目标，省（区、市）电力市场发挥基础作用，区域电力市场贯彻国家区域重大战略，国家市场缓解电力负荷与资源区域分布不平衡矛盾的市场建设格局进一步清晰。

在电力市场化改革深入推进和电力市场体系不断完善的背景下，电力需求侧管理具有更好的市场条件，一方面，可以基于市场机制、价格机制等，对节约用电、绿色用电、电能替代等形成更有效的激励约束机制；另一方面，可以运用电力市场各交易品种的特点，对电力需求侧资源积极参与市场形成促进力量。电力需求侧管理可以更好地利用市场化的激励手段，通过价格等信号，引导用户调节用电行为。电力市场化的持续推进和电价机制的进一步理顺，都将为电力需求侧管理的开展创造更好的条件。

（五）技术模式创新蓬勃涌现，电力需求侧管理成为新的“蓝海”

党的二十大报告提出：“加快发展数字经济，促进数字经济和实体经济深度融合。”随着新一代信息技术的蓬勃发展和能源科技创新的深入推进，能源行业将加快数字化、智能化升级。技术和业态的创新同样将在新型电力系统建设中发挥关键作用。而对于电力需求侧管理来说，技术创新将使综合能源服务进一步朝多元化、智能化、数字化方向发展，海量资源的聚合变成可能，新业态和新模式将不断涌现，虚拟电厂就是典型代表。

虚拟电厂是电力需求侧管理的迭代升级。虚拟电厂通过新型通信和控制技术，依托负荷聚合商等主体和整套的系统和管理模式，将可调节负荷、储能、电动汽车等电力需求侧资源进行聚合和协调优化，从而形成规模化的调节能力。近年来，为应对电力需求波动加剧、尖峰负荷攀高、峰谷差持续拉大的情况，需求响应从负荷侧着力，通过市场化手段有效调用负荷侧资源，持续支撑电力系统安全、经济、高效、绿色运行。虚拟电厂是需求响应的重要实现形式，是我国需求响应长期实践的内涵拓展，在我国已进入多点开花阶段。上海、冀北、广东深圳、浙江等地结合区域特点均开展了虚拟电厂的试点应用。未来，随着虚拟电厂聚合规模的扩大、资源类型的丰富，其常态化参与电力系统运行，将进一步发挥电力需求侧资源的灵活互动作用。

随着新能源汽车渗透率的提高，车网互动也成为电力需求侧管理新模式的典型代表和重要实践。根据公安部交通管理局发布的数据，截至2023年底，全国新能源汽车保有量达2041万辆，占汽车总量的6.07%，其中，纯电动汽车保有量为1552万辆，占新能源汽车保有量的76.04%；从渗透率来看，2023年新注册登记新能源汽车743万辆，占新注册登记汽车数量的30.25%。电动汽车数量的激增，一方面带来用电量的大幅增长和集中充电时段电力负荷的尖峰化，另一方面形成了规模巨大的需求侧灵活性资源。车网互动是电动汽车通过充电桩与电网进行能量和信息互动的新技术、新模式，主要包括单向智能有序充电（V1G）和双向智能互动充放电（V2G）。通过车网互动加以引导和聚合，能够充分调动电动汽车资源潜力，有序引导需求侧的电动汽车融入新型电力系统建设运行。

展望未来，随着新型电力系统建设加快推进，同时数智化技术创新及其在电力系统中的应用也将不断催生业态模式创新，电力需求侧蕴藏着千行百业、千家万户的海量资源。这些资源曾经被认为规模小、分布散，并未得到充分挖掘。而数智化技术的应用，其聚合和调控成为可能并日趋便捷，电力需求侧将成为电力系统技术和产业创新的新蓝海，并且是电力领域培育和发展新质生产力的重要抓手。

二、国内外研究现状

电力供需两侧波动性上升叠加给电力系统平稳运行带来新的挑战，而需求侧灵活调节资源空间大、经济效益具有潜力好等优势，对于促进可再生能源的消纳、降低电力负荷波动和峰谷差等具有重要意义。国内外现有研究认为，电源、电网的投资建设相对于电力需求增长存在一定的时滞，不能很好地满足调度需求。因此，为了维持电力供需平衡，不能仅从电力供给侧着手，而应从电力需求侧入手进行电力资源综合规划。

（一）国外研究现状

电力需求侧管理最初由美国学者克拉克·W. 盖林斯于 1981 年提出，它改变了传统规划中单纯以供应满足需求的思路，将需求侧节约的电力和电量也视为一种资源，供应方与需求方两种资源综合比较，按最小费用的原则寻求优化方案，使其产生最大的社会效益及经济效益。不同国家和地区的电力需求侧管理模式有所不同，例如在美国，加利福尼亚州在管理模式上侧重以电力企业为主导，企业内部员工具备丰富的管理经验，对需求侧管理有着重要的促进作用；纽约州则侧重由政府机构主导的管理模式，政府会根据自身区域状况制定相应的政策，并安排专人进行行政管理，减少电力企业与社会机构之间的利益矛盾；佛蒙特州侧重使用第三方组织的形式，如充分发挥当地的能源投资公司作用，这些公司兼具多种主体地位，具备所在地范围内电力需求侧管理的权利，进而维护电力消费者利益。又如，欧盟国家在电力管理领域制定了大量的行政法规，如《欧盟能源征税指令》，根据法规要求，政府企业与用户拥有相应的权利和责任；同时，优化革新财税政策，增加了碳税，通过这种方式引导企业的行为。再如，日本和韩国在该领域也有相应的研究和实践，如日本采用的“领跑者制度”，通过这种方式让企业实现节能创新，从而减少能源的损耗；韩国针对高耗能企业制定了管理目标，让企业根据目标展开规划。

需求响应是电力需求侧管理实施的重要内容。1995 年，英国学者 Strbac 等（1996）提出将需求响应引入电力市场是未来的发展趋势。20 世纪 90 年代末，需求响应被投入实践应用，英国、美国等推出需求响应早期试点项目。

目前，国外对需求响应的研究主要集中在 3 个方面——需求响应机制设计、需求响应建模和系统规划、面向需求响应的负荷调度策略，且已在理论框架方面取得显著成效。国外已有许多需求响应项目成功落实的典型案例，例如，2001 年，美国加利福尼亚州为了解决能源危机，批准面向居民用户设计的自动需求响应系统（Automated Demand Response System，ADRS），以增强该州的电力需求响应，ADRS 试点用户均安装一个实现双向自动通信的家居自动化控制系统。2011 年，美国得克萨斯州研发了用户能够在线上自行调节空调使用情况的智能温控器，通过循环控制用户的空调达到削减夏季高峰负荷的目的。2014 年，爱迪生底特律公司为美国密歇根州的工商业用户提供分时电价项目措施，用户受分时电价的影响总计减少 3000 兆瓦的用电需求。2014 年底，日本实施面向家庭、企业等用户的 ADRS 项目，在供电紧张时自动向用户发送需求响应信号，用能量管理系统自动调节用电负荷。德国在需求响应方面采用了智能化终端取得了显著成效，可以让用户随着电网的运行状况进行自我调节。

（二）国内研究现状

20 世纪 90 年代初引入电力需求侧管理概念，但由于当时电力市场及相关政策制度还不完善，电力需求侧管理发展缓慢，一直处于紧急响应的初级阶段。电力需求侧管理工作在我国历经了理论研究、概念宣传、试点验证以及广泛推广等几个发展阶段。2010 年以后，我国生态环境问题和新能源消纳不足问题凸显，使得电力需求侧管理逐渐成为政策焦点，为了提高系统运行效率，促进供需协调优化，不少学者对需求侧资源参与电力市场的模式、效益联动机制进行了研究。闫华光等（2015）提出电力需求侧能效管理与需求响应系统建设方案；Wang 等（2017）研究了需求响应参与辅助服务平衡电功率提高电力系统可靠性新方案，并指出其在技术、经济、环境方面具有优越性；代业明等（2015）研究了用户在智能电网实时定价模式下的响应模式；张晶等（2015）设计了自动需求响应技术和评估方案；江秀臣等（2019）采用需求响应辅助平衡风电波动性以促进新能源消纳。然而，相关研究成果并没有考虑政策制度的发展变化及电力市场化改革下的负荷聚合资源利用效果。新形势下，需求侧资源参与电力市场具有更多的市场模式，其创新性方案的提出将有利于经营主体抢占先机，提高其市场竞争力。

近年来，随着电力系统转型变革和电力市场建设推进，需求侧资源在系统运行中发挥更多作用，其参与电力市场也具有多种模式。张茂群（2008）对国内外需求侧管理现状进行了研究，提出我国电力需求在稳步增长的同时伴随着能源约束的不断增强，仅依靠传统供电模式不足以满足社会用电需求并保持电网运行的稳定性，所以，需要加强国内电力需求侧管理。杜滨（2008）经过实证研究后指出，电力公司可通过相应的电价激励政策引导用户进行合理的用电规划，从而确保电力基础设施建设在满足潜在用电需求的情况下效能最高。胡兆光（2012）对我国电力企业需求侧管理的实施情况进行调查发现，电力需求侧管理在削峰填谷与节能减排方面具有重要作用。王志轩（2018）认为中国能源电力发展不平衡与不充分，供给侧与需求侧都需要深化改革，其中，需求侧管理的变革不应退回到以解决短缺为主的阶段，而是要向解决低碳化和供需双侧多样化需求平衡的方向发展。栾凤奎（2019）指出我国电力需求响应已取得了较大进展，但由于多种条件所限，在技术、机制等方面仍存在一些问题和障碍，特别是，在需求响应作为互动资源参与系统运行方面仍有一定提升空间。蔡建华（2019）对陕西宝鸡的电力需求侧管理以及需求侧管理技术支持及后续节电监测环节缺失情况进行调查研究认为，我国现阶段的需求侧管理存在以下三方面问题，一是相关部门对开展电力需求侧管理的意义认识不够，二是电力需求侧管理在节约电量方面缺乏可信的认证，三是部分节电技改项目专业水平仍不高。

目前，我国电力需求侧管理工作大有可为，除了依托研究学者在借鉴国外需求侧管理成功经验的基础上提出符合我国发展形势的需求侧管理新机制，以及对需求侧资源参与电力市场的模式、机制等进行研究外，还包括相关政策体系的建设，以及平台和试点工作。

三、问题与挑战

我国电力需求侧管理政策与实践都取得了积极进展，不仅有效促进了电力电量的节约，也逐步构建起包含节约用电、需求响应、绿色用电、电能替代、智能用电、有序用电的电力需求侧管理体系。然而，结合电力需求侧管理在全国各地的实践，目前仍面临几个方面的问题与挑战。

（一）电力需求侧资源潜力远未得到充分挖掘

需求侧资源，是指广泛分布于用户侧的可调节负荷、分布式电源、新型储能等可以聚合优化、参与电力系统运行调节的电力资源。对于需求侧资源潜力的规模，虽然目前没有全面且专门的量化统计，但是部分研究机构采用不同方法进行了初步评估。而对于需求响应能力建设的目标，《电力需求侧管理办法（2023 年版）》规定："到 2025 年，各省需求响应能力达到最大用电负荷的 3%～5%，其中年度最大用电负荷峰谷差率超过 40%的省份达到 5%或以上。"虽然电力需求侧蕴藏着海量的资源潜力，但是目前已开发的比例仍在个位数，潜力远未得到充分挖掘。随着新型电力系统对系统调节能力需求的上升，以及电力系统成本的上行，如何开发利用电力需求侧资源潜力，形成可行、经济的调节能力，成为重要议题。

（二）电力用户参与电力需求侧管理积极性有待提高

我国电力需求侧管理源自与有序用电相关的管理办法，并在电力极端紧缺的时期通过有序用电管理方案一定程度缓解了电力供需紧张。近年来，随着我国电力供需紧张形势的缓和以及电力市场化改革的不断深入，电力需求侧管理更多强调通过市场手段引导电力用户的用电行为。但是，受多方面因素影响，目前，电力用户参与电力需求侧管理的积极性有待提高。以用户参与需求响应为例，据调研，部分工业用户电力负荷高，可调负荷的潜力大，但是其担忧参与需求响应可能会影响原本的工艺流程和生产安排，在需求响应的激励标准吸引力不够的情况下，参与需求响应的积极性并不高。对于广大居民用户来说，部分用户对价格敏感度高，愿意参与需求响应，但是聚合海量小而散的用户在技术和组织层面面临较大挑战。对于电动汽车车主来说，通过车网互动参与需求响应是挖掘电力需求侧潜力的重要途径，但是很多车主考虑到充电便捷性，不愿意改变原本的出行安排和日常计划去参与。

（三）电力需求侧管理的补偿/激励资金来源受限

在发展初期，中央及地方财政的资金支持为电力需求侧管理城市综合试点发挥了积极促进作用。不同地区根据自身需要，对电力需求侧管理采取了不同的政策安排，各地的补偿/激励标准和资金来源也有较大差异。以需求响应为例，补偿/激励资金来源一般按照购电侧价差资金池、售电侧价差资金池、超发超用形成的盈余空间及输配成本统筹考虑。据调研，在各地需求响应开展过程中，资金来源的稳定性仍然是重要约束。例如，因政策调整，城市公用附加费取消导致部分地区资金来源一度中断，致使需求响应工作进一步开展受限。近年来，部分地区结合电力市场建设进度，加快探索按“谁受益谁承担”原则向终端疏导的模式并取得成效。但是，随着可再生能源装机比重不断增加、极端天气频发等对电力系统冲击的加剧，补偿资金需求规模可能快速增加。为扩充资金来源，各地积极提出有关解决方案，如江苏于 2021 年将尖峰电价执行时段增加至 2 个；广东自 2021 年 6 月起调高向经营主体分摊上限，由 5 厘/千瓦时提高至 1 分/千瓦时。但需求响应在很多地区仍然面临资金来源困难且不足的难题。

（四）电力需求侧管理相关技术装备水平有待进一步提升

随着电力需求侧管理内涵拓展和实践发展，对技术装备的要求也与日俱增。实现电力需求侧资源的全面可观、可测、可控，是更好开展电力需求侧管理工作的前提和基础。然而，现有调控技术手段尚无法做到对海量电力需求侧资源的观测和调控，现有调控管理体系也不能满足这一要求。以需求响应为例，过去的需求响应以传统的邀约型为主，申报之后按照规定进行响应，而未来对于实时的、自动化的需求响应要求更高，《电力需求侧管理办法（2023 年版）》明确提出“到 2030 年，形成规模化的实时需求响应能力”。这不仅需要电力系统技术与数智化技术的深度融合和广泛应用，也需要在电力需求侧部署规模庞大的智能终端。据调研，目前相关设备的安装多由电网公司实施并承担费用，但未来随着需求响应规模和能力的提升，这些设备及相关平台的安装和运营将面临来自技术、成本、管理等方面的挑战。

四、本书概述

（一）研究目的

在积极稳妥推进碳达峰碳中和，加快规划建设新型能源体系，加快形成统一开放、竞争有序、安全高效、治理完善的电力市场体系等背景下，本书聚焦新型电力系统，从电力需求侧管理的角度切入，系统梳理电力需求侧管理的国内外实践；分阶段重点分析我国电力需求侧管理的政策沿革、发展历程、已有成效以及行业、地区的典型案例；基于量化模型对挖掘需求侧资源的成本效益开展分析；提出需求侧资源市场化发展模式；结合新形势与新要求对电力需求侧管理未来发展方向和路径进行展望与讨论。

（二）研究重点

1. 政策研究

我国电力需求侧管理自 20 世纪 90 年代引入以来不断进行探索和实践，相关政策不断丰富和完善。20 多年来，结合电力系统形态特征和发展要求，国家和地方出台了相关政策对电力需求侧管理工作的开展进行了相应引导和支持，并选取部分城市开展了综合试点和需求响应试点。本书对我国电力需求侧管理的政策沿革进行了详细的梳理，为下一步政策优化和完善提供研究支撑。

2. 成本效益分析

随着新型电力系统建设的推进，电力需求侧资源将呈现多元化、规模化、价值化等趋势特征。同时，电力市场化改革和全国统一电力市场建设也正在深入推进，如何基于市场机制更好地促进需求侧资源的潜力挖掘和价值的实现越发重要。本书基于电力市场机制和电价机制等，创新性地开展了电力需求侧管理成本效益分析，为电力需求侧管理市场化发展提供研究支撑。

3. 市场模式分析

电力需求侧管理具有丰富的内涵，其市场化涉及电力市场化、能源服务产业市场化、生态环境价值市场化等内容。综合考虑在新型电力系统加速推进以及加快构建全国统一电力市场的背景下，需求侧资源如何通过电力市场获取收益是当前行业的关注焦点。因此，本书重点基于对我国电力市场发展现状的系统梳理，结合需求侧资源参与市场面临的痛点问题，研究提出需求侧资源参与电力市场的可能演进模式，以促进需求侧资源与新型电力系统形成良性互动。

4. 实践研究

我国电力需求侧管理的内涵不断丰富，从最初以节约用电为主，转向多种用电协同发展。各地根据资源禀赋和电力供需形势，因地制宜开展了各有侧重、各具特色的电力需求侧管理实践探索。企业也根据电力系统运行和电力市场发展基础，结合电力技术、数智化技术等创新趋势，积极开展电力需求侧管理新业态、新模式的探索。本书对地方和企业丰富而生动的实践经验及典型案例进行了整理与剖析，总结提炼我国电力需求侧管理发展的经验启示，为下一步促进电力需求侧管理工作优化完善，更好地发挥海量电力需求侧资源潜力，有力支撑新型电力系统建设提供研究支撑。

（三）研究内容

第一章 背景及综述。介绍电力需求侧管理的定义、重要性、国内外研究进展等，提出本书的创新点与贡献，重点结合新型电力系统和全国统一电力市场建设要求，分析电力需求侧管理面临的新形势与新要求，剖析目前工作推进面临的问题和挑战。

第二章 电力需求侧管理实践研究。分别对电力需求侧管理的国际实践和我国电力需求侧管理的发展历程进行了回顾和梳理，分阶段对我国电力需求侧管理工作的内涵和内容进行评述。

第三章 挖掘需求侧资源的经济性研究。针对电价和激励引导两个方面，探索性地对需求侧资源调整成本进行初步测算和分析。

第四章 需求侧资源参与电力市场交易模式研究。论述在电力市场化改革背景下，需求侧资源涉及的相关市场机制、价格机制等的现状，需求侧资源参与电力市场、资源环境市场等面临的问题与挑战，并提出不同阶段需求侧资源参与电力市场的可能架构和路径。

第五章 我国电力需求侧管理地方经验与典型案例研究。从地区维度，选取江苏、上海、浙江、广东等代表性地区的电力需求侧管理实践进行梳理；从企业维度，对电网企业、负荷聚合商、工商业用户等开展的实践探索和典型案例进行梳理分析。

第六章 展望与建议。基于上述形势分析、政策梳理、量化测算、案例研究等，提出下一步深化和优化电力需求侧管理政策与实践的展望及对策建议。

第二章

电力需求侧管理实践研究

一、电力需求侧管理的国际实践

电力需求侧管理起源于20世纪70年代。当时，出现了第二次世界能源危机，各国为了解决自身的能源危机和日益严重的环境污染问题，在开发替代能源的同时开始追求新的节能手段，使电力需求侧管理备受关注，很快在世界各国风靡开来并取得了很好的效果。经过几十年的发展，国外电力需求侧管理已经取得了显著成绩。据统计，目前，电力需求侧管理已在30多个国家得到应用和实施。本节对世界主要发达国家开展电力需求侧管理的政策、市场、模式等进行分析；同时，对各国开展电力需求侧管理的实践进行对比，得出对我国的启示和借鉴。

（一）美国的实践经验

电力需求侧管理起源于美国，作为综合资源规划的一个重要组成部分，在20世纪70年代世界能源危机的背景下迅速发展起来。自90年代起，美国把电力需求侧管理列入可持续发展能源战略的重要支持手段，联邦政府和州政府在法律法规、政策机制、标准技术、资金支持等方面持续推动电力需求侧管理优化调整。

1. 以政府为主导，大力推动电力需求侧管理

（1）美国联邦政府措施

美国的电力需求侧管理是在节能和负荷管理基础上成长起来的。美国起初将节能和能效工作作为电力需求侧管理的重点。20世纪70年代后期，

美国相继出台了《能源政策与节能法案》《国家能源法及公共事业监管政策法案》等法规，推动电力等行业大规模采用新的节能技术设备。1987年，美国制定了《国家耗能器具节能法》，为冰箱、空调、电视机、热水器、洗衣机等12种家用电器产品提出了明确的能效指标有效期，规定3年内必须达到能耗标准，3年后能耗超标的产品禁止进入市场流通。

20世纪90年代，美国开始积极推动电力市场化改革进程，逐步为电力需求侧管理破除体制机制壁垒。1992年修订的《能源政策法》对美国电力市场建设影响极大。该法案明确开放电力批发市场竞争，规定各类电力企业都享有平等、开放地进入输电网的权利，为电力需求侧管理市场化奠定了基础。2005年，美国出台《能源政策法案》明确支持电力需求响应并将电力需求响应作为国策。2007年，美国发布的《能源独立及安全法案》将需求响应作为重要内容，要求分别评估未来5年、10年的全国需求响应潜力，并制订国家需求响应行动计划。2008年，美国联邦政府进一步推动需求响应参与电力市场，明确需求侧资源与发电资源处于同等地位，允许需求响应直接参与批发市场竞价。2011年，FERC第745号令明确了需求响应的补偿问题，将需求响应资源作为发电资源的替代方案，可以得到和发电资源同等的资金补偿。在连续多年的政策支持下，美国电力需求侧管理相关规则日益完善。随着储能等新型经营主体不断涌现，2018年，FERC第841号令进一步推动储能作为需求侧资源进入电力市场（见表2-1）。

表2-1　美国电力需求侧管理相关法令主要内容及意义

年份	法令	主要内容及意义
1975	《能源政策与节能法案》	规定了家用电器主要产品效能的原则性指标和节能标志
1978	《国家能源法及公共事业监管政策法案》	第一部涉及电力需求侧管理及能源安全的法律
1987	《国家耗能器具节能法》	对12种家用电器产品提出了明确的能效指标有效期

续表

年份	法令	主要内容及意义
1992	《能源政策法》	开放电力批发市场，美国电力进入管制放宽时代
1996	FERC 888 号法令	消除输电价格歧视，实行统一输电费率，形成竞争性电力市场
2005	《能源政策法案》	明确支持电力需求响应，并将电力需求响应作为国策
2007	《能源独立及安全法案》	对全国电力需求响应潜力进行评估
2008	FERC 719 号法令	允许电力需求响应直接参与电力批发市场竞价
2009	《美国复苏及再投资法案》	投资 45 亿美元用来整合电力需求响应与智能电网设备，极大地推动了电力需求响应的发展
2011	FERC 745 号法令、FERC 755 号法令	电力企业及零售市场运营商需支付电力需求响应公平的出清价格
2018	FERC 841 号法令	促进电力需求侧管理的发展，消除了储能进入电力市场的障碍

据统计，美国通过推行电力需求侧管理，1985—2000 年共削减了约 3000 万千瓦的高峰负荷，而投入的成本仅约占售电收入的 1%，节省的电能成本则高达发电成本的 20%～40%，减少了 2300 万千瓦的发电机容量，节电 537 亿千瓦时。根据美国能源部的资料，2000 年，美国人均一次能源消费基本与 1973 年持平，但同一时期的人均国内生产总值（GDP）增长了 74%。这当中固然有科技进步的原因，但不得不说，美国从 20 世纪 70 年代开始推行的电力需求侧管理功不可没。

（2）美国州政府措施

美国各州政府也在积极推动电力需求侧管理工作，其中，加利福尼亚州将电力需求侧管理放在能源发展优先级最高的位置。

2003 年，加利福尼亚州公用事业委员会（CPUC）制定了名为《能源行动计划》（EAP）的能源政策框架，并于 2005 年进行了更新。该能源行动计划明确了不同类型能源发展的优先顺序，在能源发展过程中，为满足能源消费需求，第一个手段是采取能效提升和需求响应措施；第二个手段是发展可再生能源和分布式发电，如热电联产应用等；当能效提升和可再生能源均无法满足能源需求时，最后提出发展清洁高效的化石燃料发电。由此可见，需求侧资源既可以作为满足日益增长的能源需求的首要手段，也可以作为运行管理高比例新能源电网的一种重要方式。

此外，加利福尼亚州构建了一套激发需求侧灵活性的政策体系。2013年，加州立法机构推出 AB2514 法案，支持储能作为重要的灵活性资源快速发展。一方面，储能可以支撑电网消纳更多可再生能源，延迟对新增化石能源发电和输配电基础设施的需求；另一方面，储能可以逐步减少对化石能源发电的依赖，满足高峰负荷需要。AB2514 法案提出要求，2020 年前，大型电力公司采购 1325 兆瓦储能容量（相当于最大负荷的 1.64%）。2022 年，加州通过 SB846 法案，要求加州能源委员会制定全州范围的负荷转移目标，以减少净峰值电力需求。2023 年，加州能源委员会发布《负荷转移目标报告》，概述了与加州公用事业委员会和加州独立系统运营商协商制定负荷转移目标的方法，分析了加州需求响应和负荷转移的现状，并提出了在不增加温室气体排放或提高电费的情况下增加需求响应和负荷转移的政策。在此基础上，加州利用综合资源规划（IRP），推动电力公司进一步提高能效和发展可再生能源。在综合资源规划中，电力公司要研判未来电力需求走势，将提高能效、需求响应、可再生能源等措施均纳入综合资源规划评估，进而选择成本最低的资源方式。通过综合资源规划确保电力公司投资优先顺序，同时确保用户电价维持较低水平。

2. 建立市场机制，推动需求响应参与电力市场

（1）PJM 市场

PJM 是美国最大的区域电力市场运营商，负责美国 13 个州以及华盛顿哥伦比亚特区电力系统的运行与管理。PJM 市场于 1997 年开始运行。2000

年，为应对紧急削峰情况引入了需求响应试点项目。在电力市场不断发展的20年中，独立系统运营机构（ISO）为负荷侧提供了许多参与市场的机会。

美国PJM市场中需求响应市场交易的参与主体有四个。①配电公司（EDC）：在PJM市场中利用自己拥有或租赁的配电设备，向用户提供相应配电服务的实体。②负荷服务实体（LSE）：负荷聚合商和其他电力销售方。与配电公司不同，负荷服务实体不拥有配电设备，只是向其合同签订终端用户出售电力资源或提供其他用电服务。③削减服务提供商（CSP）：利用专业技术和服务特长，代理具有削减负荷潜力并愿意参与需求响应市场交易的电力终端用户，汇聚形成一定规模的容量资源参与需求响应交易的代理商。与配电公司、负荷服务实体不同，削减服务提供商并不负责向用户供应电能，只是从专业角度将用户的需求响应资源集中起来拿到批发市场中售卖从而获得收益。④终端用户（EUC）：需求响应资源的提供者。终端用户必须通过负荷服务实体或削减服务提供商作为代理方才能参与需求响应市场交易。

PJM市场中，大部分需求响应项目以削减服务提供商作为主体的模式开展，少部分以负荷服务实体作为实施的主导方。但任何负荷服务实体、配电公司或其他具有专业技术和服务特长的第三方机构，都可以成为削减服务提供商。与以负荷服务实体为主导的实施模式相比，以削减服务提供商为主导的模式更易将需求响应的风险分摊到其他经营主体，吸引先进的技术和服务手段挖掘响应潜力；拓宽市场交易的层次，充分利用竞争机制提高需求响应资源配置的效果。但以削减服务提供商为主导的模式增加了市场的复杂度，对衡量削减效果的基线、结算机制等方面提出了更高的要求。

美国PJM电能量市场、容量市场、辅助服务市场交易中不断丰富以需求响应为主要对象的交易品种（见表 2-2）。在 PJM 市场下的需求响应产品有电能量、容量、同步备用和调频。

表 2-2 需求响应资源参与 PJM 市场

PJM 市场	具体内容
电能量市场	参与实时电力市场。需求响应资源根据实时电价做出经济决策，申报削减意向负荷（兆瓦数），中标部分以节点边际电价（LMP）结算
	参与日前市场。需求响应资源在日前电能量市场提交削减意向负荷，实时运行小时按照日前市场安排结果削减响应负荷，以日前 LMP 结算
容量市场	参与基本容量拍卖市场（提前运行 3 年）。需求响应资源申报削减容量负荷和容量价格，与发电资源共同竞争
	参与追加容量拍卖市场。一些可被直接控制的负荷作为可靠性可中断负荷参与其中
辅助服务市场	参与备用市场。需求响应资源参与 30 分钟运行备用日前市场和 10 分钟旋转备用实时市场
	参与自动发电控制（AGC）服务实时市场

①电能量市场。在系统正常运行时，可调度需求响应的资源是微不足道的，因为电能量市场的价格通常不足以激励需求响应资源主动发电或削峰。

②容量市场。需求响应资源参与容量市场提供“合格”的容量而获得补偿费用。在 PJM 市场中，容量补偿机制对需求响应产业发展起到了很好的激励作用。

③辅助服务市场。需求响应资源被看作一类特殊的电厂，可以作为备用资源提供辅助服务。

PJM 市场同时运行紧急需求响应项目和经济需求响应项目。

紧急需求响应是指在 PJM 电能量市场价格达到规定的价格上限、系统运行备用不足等紧急状态下，需求响应资源作为一种容量资源，按照调度中心指令削减负荷的行为。按照参与市场类型的不同，紧急需求响应可分为同时参与容量市场与电能量市场的紧急需求响应、仅参与容量市场的紧急需求响应、仅参与电能量市场的紧急需求响应 3 类，其中，前两类在 PJM 市场的项目运作中统称为负荷管理项目（LM）。

在紧急需求响应事件中，负荷管理项目必须强制削减负荷，且无论需求响应资源是否被调用，都会获得相应的容量收益，而仅参与电能量市场的紧急需求响应按照自愿原则削减负荷。参与容量市场与电能量市场的需求响应，在获得容量收益的同时，能够在紧急需求响应中获得相应的电能量收益。没有被调用的容量市场的紧急需求响应资源必须接受 PJM 市场的强制性测试，以检验其是否具备完成相应容量任务的能力，未按要求完成容量削减的需求响应资源将接受相应的惩罚。

经济需求响应项目是用来激励终端用户或削减服务提供商减少在节点边际电价很高时的电力消费设计的，通过削减服务提供商聚合的需求响应资源，形成“负瓦发电机”参与日前或实时的电量批发市场交易过程。在交易完成后，形成日前/实时调度计划，竞价成功的需求响应资源按照调度计划进行负荷削减，其中，预先商定的用户基线和用户实际用电曲线的差值是最终结算的削减响应量。经济需求响应项目可以参与到电能量市场以及辅助服务市场。

（2）ERCOT 市场

美国得州电力可靠性委员会（ERCOT）运行着日前和实时电能量市场，“价格帽”达到 9000 美元/兆瓦时。与美国其他 ISO 运营的市场不同，ERCOT 市场没有资源充裕度要求，因此没有容量市场。负荷资源主要参与以下市场类型。

①电能量市场。负荷资源在电能量市场中报价，但参与程度很低。

②辅助服务市场。可控负荷资源可以提供备用、非旋转备用和调节调度服务。2018 年，ERCOT 市场有 1730 兆瓦（约为峰荷的 2.4%）参与。

③紧急响应。虽然 ERCOT 没有容量市场，但它会通过竞争性投标购买紧急容量资源。2018 年，ERCOT 市场参与这种响应的负荷为 773 兆瓦（约为峰荷的 1.1%）。

需求响应参与辅助服务市场方面，从 2002 年开始 ERCOT 允许负荷资源参与辅助服务市场。负荷资源能够为 ERCOT 市场提供旋转备用服务，以保障在大机组出现事故后系统能尽快恢复频率。该功能与使用低频继电器的大型负荷特性相匹配，所以有很多负荷满足要求。提供服务的负荷资源规模上限最开始定为总旋转备用服务需求的 25%，2006 年提升到了 50%。

2011 年，ERCOT 确定执行“可控负荷资源”项目。与提供服务的负荷项目相比，“可控负荷资源”项目有着更严格的要求，允许负荷提供旋转备用和调节调频辅助服务。ERCOT 没有对“可控负荷资源”项目在供给旋转备用服务中设定规模上限。但“可控负荷资源”项目必须具备类似电厂的能力，对系统的频率变化自动做出响应，并对调度提出的 2 秒钟信号做出回应。

虽然 ERCOT 没有对参与辅助服务市场的负荷提供隐形补贴，且要求负荷具备与电厂相似的响应能力，但辅助服务市场中需求响应资源的渗透率依然较高，特别是旋转备用辅助服务。需求响应资源参与辅助服务市场的积极性来源于其适合市场的诸多特性，而且市场给予了其可靠的备用性费用。此外，由于备用并不是经常需要，用户无须为了提供辅助服务而大幅改变自己的用电习惯。

需求响应参与紧急响应方面，2008 年，ERCOT 启动了一项名为“紧急可中断负荷服务”（EILS）的新项目，允许需求响应资源参与市场，直接对批发市场价格进行响应，后更名为“紧急响应服务”（ERS）。为吸引更多的需求响应资源参与市场，ERCOT 不断调整规则。一开始，负荷必须在接到 ERCOT 指令 10 分钟内做出响应；几年后，市场增加了一种 30 分钟内响应的品种。2013 年，ERCOT 推出了一种对天气敏感的紧急响应服务项目，以评估空调等受天气影响显著的负荷参与紧急响应的潜力。

ERCOT 每年为紧急响应服务项目进行三次竞争性招标，并设立年度开支上限，类似于进行战略储备。这些储备不会对批发电力市场正常运行情况下的能源价格做出反应，只有在能源稀缺时才会被激活。此外，ERCOT 还执行了一个可靠性价格加法方式，以避免紧急响应服务或负荷资源被调度时发生价格反转。总体来说，需求响应资源参与紧急响应服务的积极性相对较高。

3. 创新商业模式，积极推动虚拟电厂新业态发展

在政策机制激励下，美国涌现出一批虚拟电厂运营商，进一步激发了需求侧资源的灵活性，共同推动电力需求侧管理工作常态化运行。

（1）EnerNOC 公司

EnerNOC 公司是一家在美国商用市场领先的需求响应和能源服务提供商，通过搭建综合能源智能系统，在云端对工商业用户的电力负荷进行远距离管理。EnerNOC 公司是需求侧灵活性服务的全球领导者，为全球大型能源用户提供需求响应等需求侧管理方案。除了灵活的解决方案外，EnerNOC 公司还通过战略性能源采购、能源管理和其他先进服务（如公用事业账单管理软件）帮助大型能源用户创造价值。2007 年，EnerNOC 公司纳斯达克上市时拥有客户 1308 个；目前 EnerNOC 公司客户数量达到 15000 多个，拥有 24~27 吉瓦规模高峰负荷管理能力，其中，可响应负荷规模为 8~9 吉瓦。业务覆盖美国、澳大利亚、巴西、加拿大、德国、印度、日本、英国等地区。EnerNOC 公司最高市值达到 9.4 亿美元，于 2017 年被意大利电力公司 Enel 集团收购。

（2）Opower 公司

Opower 是一家创办于 2007 年的能源数据分析公司，目标是帮助家庭

用户实现节能。Opower 公司可以在不需要用户安装任何智能设备的情况下，便可监测家庭中制冷、制热设备每天消耗的电量（从电力公司得到的数据）。同时，Opower 公司可以让用户看到邻居的用电账单，并进行对比，从而在比较中促进节能行为。通过这些举措，Opower 公司帮助用户实现了平均 1.5%~3.5%的节能效果。Opower 公司主要服务对象是公用电力公司，运营模式为 B2B 模式。2014 年 Opower 公司上市。目前，Opower 公司的云服务拥有用户 6000 万个，分析的电表读数超过了 6000 亿次。

（3） AutoGrid 公司

AutoGrid 是由斯坦福大学智能电网研究室前负责人 Amit Narayan 创办的服务于美国电力、能源行业的大数据公司，坐落在美国旧金山，员工不到 50 人。AutoGrid 公司经过 10 余年深耕电力系统软件技术与系统化解决方案，聚合了超 8 吉瓦的灵活性电力资源。AutoGrid 公司直接调用一切可以调用的数据，包括全美电网用户的智能电表数据、历史发电数据，甚至是天气预报数据等。2022 年，AutoGrid 公司被施耐德电气收购，继续加速推进公司愿景实现以及全球影响力拓展。

AutoGrid 公司的核心产品即能源数据云平台。该平台在 2011 年着手筹备，2012 年正式上线，并且在当年签下了价值 500 万美元的合约，服务的客户包括美国能源部和加州能源委员会，为其提供基于智能电表的在线数据分析服务。此外，AutoGrid 公司通过智能电网硬件，可以引导用户选择非高峰时段用电。智能电网硬件中设定临界值，一旦用电量超出某个范围，电价就会自动翻倍，而安装在用户家中的传感器也将根据价格自动调整电器的用电量，如降低空调功率、关闭不必要的照明和娱乐设施等，并且这一切都是自动的，无须人为控制。

（二）欧洲国家的实践经验

欧洲国家认为，提高能效是电力需求侧管理的重要方面，因此，欧洲国家十分重视节能工作。随着电力市场不断发展，以及市场机制和价格机制的不断完善，欧洲国家通过需求响应引导电力用户优化电力负荷曲线，不断丰富电力需求侧管理工作内涵。

1. 以节能为优先，推动电力需求侧管理政策不断完善

（1）德国实践

德国节能服务市场有超过20年的历史，是欧洲最大和最发达的市场，有超过500家节能服务公司可提供不同种类、不同规模的能源服务，针对不同服务类型签署相应的合同（见表2-3）。大多数公司可以提供能源供应服务：55%~60%的公司主要提供能源供应，30%~35%的公司主要提供节能服务。在德国，有2/3的节能服务公司为中小企业，员工人数少于250人。在收入方面，约一半的节能服务公司年收入低于50万欧元，只有少数大型节能服务公司可获得上千万美元甚至上亿美元收入。

德国节能服务产业年收入为30亿~40亿欧元。2012年，德国能源供应占总收入的86%，合同能源管理占总收入的9%，融资合同占总收入的2%，能源管理占总收入的3%。

作为欧洲领先的能源服务市场，德国节能服务市场可以成为整个欧洲市场的推动力。2005—2012年，德国公共部门在欧洲范围内组织了80多次关于合同能源管理的呼吁，并为欧洲的节能服务公司提供了学习德国经验的机会。

表2-3 德国节能服务公司实践经验

项目	实践经验
节能服务市场概况（2015年）	优良，超过500家节能服务公司
合同能源管理概况（2016年）	发展良好，约为10家公司提供合同能源管理服务
节能服务市场规模	35亿~50亿欧元/年（主要是能源供应）
合同能源管理市场（EMC）（投资）	1.5亿欧元（粗略估计）

续表

项目	实践经验
合同能源管理市场潜力	20 亿~30 亿欧元/年（来自能源服务的总收入，包括能源成本）（2012 年）
业务部门	公共部门（教育建筑、医院、街道照明）的 EMC，办公室、公共泳池的 EMC，多户型建筑中的一些 EMC，工业用地

（2）英国实践

英国政府承诺支持节能服务市场持续发展，并将其作为实施英国能效战略的重要组成部分，因此，英国节能服务市场处于增长阶段，而且竞争激烈。英国有 50 多家节能服务公司，主要是大型国际设备制造公司、石油公司和电力公司的子公司，其中，有 22~25 家公司可以提供合同能源管理服务（见表 2-4）。大型节能服务公司会直接利用自己的资金，但大多数节能服务公司通过银行进行融资。有利的监管环境和政策环境都有助于激发合同能源管理市场需求不断增长。

2008 年，国际金融危机爆发后，英国的节能服务市场发展陷入停滞，直到 2012 年以后才有显著增长。英国政府非常支持节能服务市场的拓展，从而推动了合同能源管理的快速发展。虽然市场充满活力，但远未挖掘出其全部潜力。因此，英国政府采取了一系列措施（如合同能源管理示范、指南、节能服务公司名单等），并计划 3 年内每年额外投资 3000 万英镑用于支持公共部门的能效贷款计划。

表 2-4　英国节能服务公司实践经验

项目	实践经验
节能市场概况（2015 年）	优良，节能服务公司有 50 多家
合同能源管理概况（2016 年）	合同能源管理供应商有 25 家，其中，2014—2016 年参与公开招标的有 22 家

续表

项目	实践经验
节能市场规模	4 亿欧元/年（2013 年）
合同能源管理市场（EMC）（投资）	1 亿欧元
合同能源管理市场潜力	约 18 亿欧元（合同能源管理）
业务部门	EMC 很常见，并且数量有增加 其他合同形式也很常见 EMC 在公共建筑、学习和教育建筑、业余设施领域很受欢迎

（3）法国的实践经验

法国节能市场规模巨大，并且仍在快速增长。法国节能产业的发展可以追溯到 19 世纪，以公共事业外包服务为开端。这些公共事业外包服务提高了私企对公共事业的参与度，从而奠定了法国节能市场的基础。因此，法国被认为是节能服务公司的摇篮。截至 2016 年，法国节能市场规模约 72 亿欧元，节能服务公司总数约为 350 家，而仅有 10 家左右的节能服务公司提供节能保证型服务。法国的节能服务公司通常是规模较大的国际和大型国有公司，这些公司除开展这些业务之外还提供一些其他的服务，如设施管理、能源生产和设备安装等。

法国能源供应项目发展成熟，能源供应合同已有 60 年的历史。按照合同约定，节能服务公司负责运营和维护客户的设备，并以规定的价格向客户出售产品（如供热、供冷或照明服务）。法国大型能源供应商（如法国电力公司和法国燃气——苏伊士集团）通常利用大量的现金和资产为项目注资，也以此作为开拓新市场或完成收购业务的资金来源，但这种方式越来越难以为继。公共采购框架下的严格合同标准化是能源供应合同取得成功的关键，这种标准化几乎没有留下谈判的余地，但确保了服务的可靠性和责任性，以及客户的补偿条款（见表 2-5）。

表 2-5　法国节能服务公司实践经验

项目	实践经验
节能市场概况（2015 年）	非常发达，拥有 300 家及以上节能服务公司和能源供应公司
合同能源管理概况（2016 年）	约 10 家公司可以提供合同能源管理，2014—2016 年约有 40 个合同能源管理项目
节能市场规模	26 亿~32 亿欧元/年（2013 年）
合同能源管理市场（投资）	1.5 亿~2 亿欧元
合同能源管理市场潜力	50 亿欧元（节能服务公司），其中，合同能源管理 2.5 亿~5 亿欧元（2013 年）
业务部门	公共建筑、街道照明、游泳池、工业场所等合同能源管理能源供应项目发展非常成熟

资料来源：欧洲联合研究中心（JRC）。

2. 挖掘需求侧灵活调节，以市场为驱动促进供需互动

欧洲区域性电力市场主要有 8 个，各自有不同的市场规则及技术标准。另外，欧洲还建立了十几个规模不同的电力交易中心，覆盖不同的地理区域。欧盟需求侧管理政策基本完整，能源效率在全球名列前茅，但是在需求响应方面，尽管欧盟各种指令如欧盟电力指令（2009/72/EC）和欧盟能效指令（2012/27/EU）等，都涉及需求响应的相关内容（其中，2012/27/EU 提出，欧盟成员国应取消输配电价激励措施，因为，这可能妨碍需求响应的发展），但是部分国家需求响应仍处于起步阶段（见表 2-6）。

（1）英国的管理措施

英国电力需求侧管理主要采取以下措施：电力公司和节能公司合作建立新的能源项目，并根据具体项目内容实施电力需求侧管理；鼓励电厂积极参与电力需求侧管理并减少基础设施投资；制定多种价格机制，引导用户根据不同时段的电价变化，合理安排用电方式，错峰用电以达到削峰填谷减少系统负荷波动的目的；政府提供多种优惠政策对积极参与电力需求侧管理项目的企业、个人、发电厂等进行基础设施和财政方面的支持。

表 2-6 欧洲部分国家开展的需求响应项目

国家	需求响应项目具体内容
英国	对于工商业大用户，可以与电力供应方签署分时电价或者可中断负荷协议；对于小型用户，按照分时电价费率缴费，可在夜间享受折扣电价
芬兰	通过立法规定电力公司必须采用分时电价。 芬兰电热锅炉非常普遍，其中，超过 1 吉瓦的锅炉热负荷可以实时控制，被称为“需求侧调节源”，有超过 1 吉瓦的能源密集型工业可以在不事先通知的情况下中断负荷 1~3 小时，占到高峰负荷的 7.5%
法国	2014 年，法国将平衡服务招标价值从 50 兆瓦降至 10 兆瓦，以激励较小实体进入平衡机制

（2）法国的管理措施

法国电力需求侧管理主要采取以下措施：一是法国电力公司针对不同用户分别实施绿色电价、黄色电价和蓝色电价，及时变更电价，从而使负荷曲线的斜率变小，曲线更加平滑；二是制定相关法规，并对具有节能功效的产品颁发质量标签，这样做能够规范很多厂商的生产行为，高效地生产出更多的节能产品；三是进行负荷曲线管理。

（3）德国的管理措施

德国实施电力负荷管理的措施主要包括以下两个方面。一方面，对节能设备和管理系统提供支持。以一定的价格优惠方式吸引客户购买高能效的设备。德国 RWE 能源公司的自动负荷管理系统对电力供应进行自动控制。另一方面，针对不同的用电时段，制定不同的电价。通过引导电力用户改变自身的用电习惯和方式，避免在高峰时段过量用电，减轻高峰时段的用电压力。

相较于美国等其他地区，需求响应在欧盟发展缓慢，原因有以下三个方面。一是动态定价机制缺失。欧盟大多数国家依旧实施政府管制电价，导致需求响应实施缺乏财政激励。二是开放的市场或维持电力供需平衡，需要建立响应的市场机制保证需求响应实施的完善。欧盟曾鼓励需求侧资源参与到批发和零售市场中，承诺会无差别对待需求响应提供者，并提供技术支持。但在实施过程中并非如此。零售商有用户的用电负荷数据，可能会剥夺用户转移负荷的权利或向用户收取全部电费，因此，需要建立规范监管的市场支持需求响应。三是小型工业用户、商业用户和居民用户通常需要通过聚合商进入市场，聚合商需要从售电商、配电商和电力交易所中获得许可，才能与用户签订需求响应合同，所以，用户的准入制度不完善成为目前欧盟国家面临的障碍之一。

3. 企业为实施主体，助力电力需求侧管理不断发展

（1）EDF 集团

法国电力集团（Electricite De France，EDF）是法国最大的国有电力企业，也是欧洲最大的能源公司和全球最大的核电运营企业，在核电、水电和可再生能源等清洁能源领域具有较强的国际竞争力。EDF 发电结构以核电为主，2017 年，全球发电量达 580. 8 太瓦时，其中，核电为 77%、循环燃气发电为 8%、水电为 7%、煤电为 4%，其他可再生能源发电和燃油发电为 4%。

EDF 成立于 1946 年 4 月，根据当时的法令，法国对 1700 家左右小型能源生产、配送公司实行国有化，整合这些企业形成 EDF。EDF 奠定了法国能源工业现代化的基础，尤其是核能设施和水电。在 1999 年以前，EDF 为国有独资企业。1999 年，根据欧盟法令要求，EDF 将 22%的业务放开给竞争对手，终结了 EDF 在法国发电市场上的垄断地位。之后，EDF 进行了两次业务重组，将发电、输电、配电业务分离。2005 年，EDF 成立法国输电网公司（RTE），为 EDF 全资子公司，管理特高压、高压输电网络；2008 年，EDF 将配电部分分离，成立全资子公司——法国配电公司（Enedis），覆盖法国 95%以上的中低压配电网基础设施建设和运维服务。

EDF 业务范围涉及整个能源价值链，涵盖电力行业上下游的各环节，以及天然气和能源贸易及服务领域。EDF 在法国主要从事发输配电、天然

气供应、工程和咨询等业务；同时，积极探索发电技术，如核能、水能、海洋能、风能、太阳能、生物质能、地热能和化石能源燃烧发电，现在经营范围已扩大到天然气和能源服务领域。

EDF 主要核心业务有四类：发电工程、输配电业务、能源优化调度和市场交易、客户服务。其中，能源优化调度和市场交易业务，充分利用发电侧和负荷侧资源优势，灵活调度上、下游资源，如上游的电厂停机维护管理、下游的负荷削减等。在电力调度时，EDF 根据不同能源特性进行优化调度，核电为基荷电源，无坝式水电和其他可再生能源发电全额上网，火电、坝式水电以及天然气发电参与系统调峰。EDF 在实现供需双侧平衡的同时，也对金融和市场风险进行管控。

在客户服务方面，EDF 主要针对三类客户提供能源服务：居民用户、企业以及地方政府/社区，具体服务内容见表 2–7。

表 2–7 EDF 能源服务内容

服务对象	服务内容
居民用户	能耗监测
	节能诊断、节能改造
	增值服务（保险、维修）
企业	绿电供应、能源结构优化方案制定
	能源管理服务，包括能效评估、能耗监测、节能投资、投资回报评估等
	碳交易
地方政府/社区	可再生能源发电并网
	公共照明、供暖等高效节能项目
	电动汽车充电基础设施建设

对于居民用户，EDF 提供智能电表安装服务，便于用户实时监测用电情况；提供节能诊断及节能改造服务，包括能效解决方案的制定和落实。此外，EDF 还为居民用户提供保险和维修等增值服务。保险服务是为失

业、疾病或死亡的客户一次性退还电费或燃气费，维修服务是对电力设备、燃气设备和电力/燃气管道提供维修服务。EDF 通过收取保费和维修服务费获得收益。

对于企业客户，EDF 为企业提供能源供应、能源管理、碳交易等服务。在能源供应方面，EDF 可以提供多种电力或天然气供应合同，包括不同定价方式、不同能源品种等多种供应形式，企业根据自身需求选择相应的能源供应合同，以降低能源成本。尤其在电力与天然气供给方面，EDF 提供价格保证合同，即为企业提供 1~3 年以固定价格购买电力和天然气的能源供应服务。在能源管理方面，EDF 为客户监测分析电力和天然气的消耗状况，进行优化控制；提供节能咨询、节能改造、个性化制定能源使用方案等服务。在碳交易方面，EDF 为企业客户提供碳配额交易服务。

对于地方政府/社区客户，由于法国在全球温室气体排放中做了承诺（2050 年的温室气体排放量下降为 1990 年的 1/4，2050 年的终端能源消耗量减少为 2012 年的 50%），且法国和其他欧洲国家均为地方政府制定了气候与能源转型的目标，EDF 除提供与企业相同的服务外，还提供可再生能源发电并网、公共照明和供暖等高效节能项目建设，电动汽车充电基础设施建设等服务。

（2）苏伊士环能集团

苏伊士环能集团（GDF Suez，以下简称“苏伊士”）为全球第一大“公共事业”公司、全球最大独立发电企业、欧洲第一大能源和环境服务商、世界第二大水和废料处理企业，在全球拥有 160 家冷热网供应公司。苏伊士于 2008 年 7 月 22 日由法国燃气集团（Gaz De France，GDF）和苏伊士集团（Suez）合并而成，其起源可以追溯到 1858 年为建造苏伊士运河成立的苏伊士运河公司。2015 年 4 月 24 日，苏伊士更名为 ENGIE，以突出其在能源领域的转型，弱化其国有天然气垄断的历史地位。苏伊士业务涉足 70 个国家，在全球拥有超过15万名员工，2017年营业额高达650亿欧元。

自2014年以来，苏伊士一直在推动企业战略转型，致力于减少未来对化石能源的开采，大幅增加对可再生能源和能效服务的投资。2015年7月1日，苏伊士收购太阳能发电公司，成为法国最大的太阳能发电商。2015年，苏伊士宣布停止对燃煤电厂的新投资，并出售150亿欧元的资产，以投资低碳、分布式能源领域；投资220亿欧元用于可再生能源、能源服务，例如，供暖和制冷网络以及分散能源技术，并计划投资15亿欧元用于与能源相关的数字技术与新技术。此外，苏伊士也在推动一条开放的创新路径，专门促进智能网络、物联网、绿色交通、储能和氢能发展。

苏伊士有三大核心业务：发电、天然气和能源服务，如图2-1所示。以天然气产业链业务运营为核心，致力于公共事业服务，业务覆盖整个电力和天然气产业链。其中，能源服务业务旨在提供满足客户所需的、有竞争力的综合能源效益解决方案。苏伊士聚焦六大战略领域：可持续交通、分布式能源、互联建筑物、城市解决方案、氢能和储能技术。苏伊士依托自身资金、技术优势，投资与能源服务相关的各项先进技术，围绕天然气产供储销全产业链拓展综合能源服务业务，致力于提供满足客户需求、有竞争力的综合能效解决方案。

发电	天然气	能源服务
·世界第一大独立发电商 ·世界第一大非核电发电商 ·115.3吉瓦发电装机容量 ·6吉瓦在建装机容量	·欧洲第一大天然气配送网络 ·欧洲第一大天然气进口商 ·欧洲第一大天然气储气库运营商 ·1082太瓦时天然气供应量	·世界领先能效服务商 ·1300个服务网点遍布欧洲 ·140亿平方米三产设施管理面积 ·250个城市集中供冷和供热网络遍布全球

图2-1　苏伊士三大核心业务

在能源生产端，苏伊士在天然气勘探开发基础上提供相关工程服务，包括工程咨询、可行性研究、施工、项目管理等；在能源供应侧，苏伊士提供以清洁低碳能源为主的区域冷、热、电集中或分布式能源供应服务，具体包括微电网建设、孤立区域的能源供应、分布式电源建设等；在用户侧，为城市/区域用户、工商业用户、特殊用户等提供系统安装和维护（电气装置、工业维护、空气调节和制冷、系统集成等）、能源（能效解决方案、多技术维护管理、热电联产和设施管理等）、家庭能源管理（成本—能效解决方案、能效改进、可再生能源和热力改造等）、智慧城市建设（城市供热和制冷社区系统、尖端科技解决方案设计、减少建筑物碳足迹等）、绿色交通（替代燃料、电动汽车充电站建设、交通基础设施建设、智能交通系统和上游设计规划等）等服务（见图 2-2）。

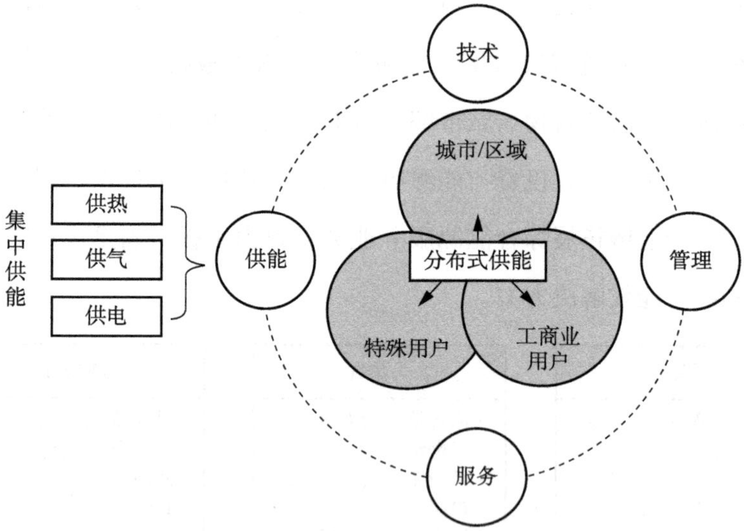

图 2-2 面向客户需求的综合能源服务

（3）Next Kraftwerke

Next Kraftwerke 是德国最大的虚拟电厂运营商，也是欧洲电力交易市场（EPEX）认证的能源交易商，参与能源的现货市场交易。该公司不隶属于传统的电力公司，其专注于虚拟电厂平台运营和技术开发，还为能源公司提供定制服务和技术解决方案，业务涵盖数据采集、电力交易、电力销售、用户结算、能效管理、电费优化等。Next Kraftwerke 运营着 10000 多个分散式能源单元，容量超 6000 兆瓦，相当于两个大型的燃煤电厂，交易电量为 140 亿瓦时。

（三）澳大利亚的实践经验

1. 强化政策标准体系建设

1991 年，澳大利亚开始改革电力市场，建立了国家电力批发市场和零售市场。2001—2003 年，澳大利亚政府开始考虑制定将能效与需求响应相结合的政策，规定家用电器能效等级和需求响应能力，制定了空调、热水器、水泵等需求响应接口规范（AS/NZS 4755 系列标准），并强制推广应用，有效降低了高峰负荷。2020 年，澳大利亚将辅助服务进行分类，提出市场收益类别理论，为试点创造有利条件。

2. 政府与企业联合推动虚拟电厂新模式发展

澳大利亚主要采用独立运营模式，由政府补贴并进行监管。以特斯拉为代表的独立运营商负责搭建平台，整合资源，向电网售电和提供辅助服务。

特斯拉 Autobidder 是澳大利亚 AEMO 电力市场的虚拟电厂运营商。2018 年，特斯拉和南澳大利亚州政府合作开展光储虚拟电厂项目。参与该项目的住宅安装了屋顶太阳能系统和特斯拉 Powerwall 储能系统，虚拟电厂通过智能控制进行统一调控，为澳大利亚电网提供调频服务，减轻用电高峰电网的压力。同时，每个参与的家庭获得了收益，电费大幅降低。截至 2020 年，特斯拉已在线上拥有 Powerwall1000 个，得到下阶段新增3000个储能产品的合约。2021年，特斯拉为扩大虚拟电厂规模，推出“特斯拉虚拟电厂能源计划”（Tesla Energy Plan on the Tesla Virtual Power Plant），针对南澳大利亚州的Powerwall拥有者制订了能源管理计划。2021年，特斯拉宣布将“特斯拉虚拟电厂能源计划”和特斯拉虚拟电厂扩展到维多利亚州。

（四）国外经验对我国的借鉴与启示

1. 需求响应项目的顺利实施依赖于配套基础设备的建设与完善

由于响应时间不同，不同需求响应项目所需测量仪器的精度会有所差别。在PJM需求响应市场中，紧急需求响应项目的测量仪器要求可以记录并上传每小时的负荷，参与日前以及同步备用市场项目的测量仪器要求可以记录并上传每分钟的负荷，参与调频市场的用户必须装设先进的实时遥信计量装置。因此，应针对具体的需求响应项目，统一测量设备以及通信设备的标准。

2. 注重对需求响应资源实施效果的评价以及加强项目监督部门对需求响应资源的审核

不同于传统的电力资源，需求响应资源具有很大的不确定性，因此，需要对已实施的需求响应资源效果进行分析评价，并在此基础上，对需求响应资源具备的负荷削减能力进行严格的审核。注册登记的削减服务提供商在参与电力市场时，PJM、负荷服务实体以及配电公司会根据其历史用电数据及相关因素，严格审核其是否具备相应的负荷削减能力。

3. 逐步推动需求响应项目多元化发展，有利于充分调动用户的积极性以及调度的灵活性

建立种类多样化的需求响应项目，有利于充分调动用户的积极性以及调度的灵活性。目前，国外从响应时间、响应频率等多个方面对负荷管理

项目进行了扩展，为用户提供了多样化的选择。

4. 鼓励第三方专业化需求响应管理机构参与项目实施

国外以负荷聚合形式参与市场需求响应的机制，大大促进了需求响应的发展。由于单个用户缺乏需求响应方面的专业化知识，且不同的用户在不同的时间可能表现出不同的响应程度，单个用户的需求响应执行效果波动较大。通过削减服务提供商对不同用户的聚合，超额完成削减计划以及未完成削减计划的用户能够相互抵消，需求响应的执行效果更加稳定，有利于资源的统一调度。

二、我国电力需求侧管理的发展历程

本节主要分析电力需求侧管理在我国的发展历程，结合不同时期经济发展和电力发展的形势背景，分析我国电力需求侧管理工作的内涵变化以及典型政策演进。

（一）2000 年以前

2000 年以前，我国能源消费利用水平明显偏低。我国既是能源消费大国，也是能源生产大国，但由于人口众多，人均能耗仅是世界平均水平的 1/2，是发达国家的 1/10~1/5。同时，我国能源资源利用效率较低，单位产值能耗是发达国家的 3~4 倍，能源平均利用率比工业发达国家低 10 个百分点，主要工业企业单位产品能量消耗比国外平均水平高出 40%。由于技术水平、环保要求、资金支持等方面严重落后，能源开发利用带来的环境污染问题日益严重。同时，我国资源禀赋以煤为主，当时的煤炭消费占能源消费总量的比重约为 74%，发电燃料用煤占全国煤炭消费的 1/3 以上，一次能源发电转换率不到 40%，而发达国家均在 70% 以上。由此可见，2000 年以前，我国能源发展面临着经济增长和环境要求的双重压力，在这种情况下，推行电力需求侧管理尤为必要。

1. 电力需求侧管理内涵及重点

2000 年以前，电力短缺是我国电力发展的主要矛盾。从 20 世纪 90 年代开始，电力需求侧管理技术引入我国。江苏、北京、上海、广东深圳等地的电力公司相继开展了电力需求侧管理的研究，并开始制定适合本地区经济和负荷特性的电力需求侧管理措施，提出了分时电价、科学用电等观点。为了更好地促进电力需求侧管理在我国开展，全国各地相继对电力需求侧管理的可行性进行了研究，并邀请外国专家传授经验，我国开始逐步了解并重视电力需求侧管理。

这一时期，我国电力需求侧管理主要解决缺电和电力投资严重不足的问题，电力需求侧管理内涵以节约用电为主，通过采取有效的措施，推动电力公司和电力用户共同提高终端用电效率，减少电量消耗和电力需求。

2. 典型政策

1997 年，《中华人民共和国节约能源法》发布，旨在推动全社会加强用能管理，采取技术上可行、经济上合理以及环境和社会可以承受的措施，减少从能源生产到消费各个环节的损失和浪费，更加有效、合理地利用能源；同时，明确节能为国家经济发展的长远战略方针。

2000 年，国家经贸委、国家计委联合发布了《节约用电管理办法》（国经贸资源〔2000〕1256 号），将电力需求侧管理单独成章，首次界定了电力需求侧管理内涵：通过提高终端用电效率和优化用电方式，在完成同样用电功能的同时减少电量消耗和电力需求，以节约能源和保护环境，实现低成本电力服务所进行的用电管理活动目的。该办法要求各地积极推动电力需求侧管理，对终端用户进行负荷管理，推行可中断负荷方式和直接负荷控制，以充分利用电力系统的低谷电能。此外，该办法还明确电力规划或综合资源规划中应当包括电力需求侧管理的内容。自此开始，电力需求侧管理得到政府部门、电力企业等的重视和推广。

3. 地方探索

1992 年，深圳电网在照明、空调、电动机方面采取了一系列的需求侧管理措施，至 2000 年实现年节约电量 970 亿瓦时（占深圳总用电量的 3.9%），削减高峰负荷 457 兆瓦（占深圳高峰负荷电量的 9.1%），需求侧管理仅用 1/10 的电力建设投资成本（约 3.3 亿元人民币）就避免了新建一座 600 兆瓦的电厂。

1997 年 8 月，国家计委能源研究所与胜利油田管理局合作，开展了以企业为主体实施电力需求侧管理的试点研究与示范工程，实践效果显著：电力拖动示范工程削减峰荷 1826 千瓦，一年节电 1447 万千瓦时，直接节电效益 564 万元；“绿色照明”示范工程削减峰荷 1670 千瓦，一个季度节电 96 万千瓦时，直接节电效益 67 万元。

1998 年 1 月，江苏建立了我国首家电力需求侧管理指导中心。

（二）2000—2010 年

2000—2010 年，我国能源发展面临资源相对匮乏、能源发展粗放、能效较低、污染排放严重等突出问题；电力领域也面临电力供需形势愈加复杂问题，2003 年出现全国性的缺电现象，电力峰谷差不断上升。同时，国家“十一五”规划纲要中明确提出单位 GDP 能源消耗降低 20%左右的目标。要实现此目标，除从调整产业结构、产品结构和能源消费结构等方面着手外，加强电力需求侧管理，提高电能使用效率也是重要措施之一。

1. 电力需求侧管理内涵及重点

2000—2010 年，我国电力行业快速发展，电力需求侧管理逐步规范，对于节能减排的重视程度与日俱增。这一时期，我国电力需求侧管理相关政策陆续出台，电力需求侧管理内涵不断丰富，从“实现最小成本电力服务所进行的用电管理活动”转变为“提高电力资源利用效率，改进用电方式，实现科学用电、节约用电、有序用电所开展的活动”。此外，这一时期的电力需求侧管理开始形成由政府主导、电网企业实施、电力用户参与的模式。

2. 典型政策

（1）专门出台电力需求侧管理相关政策

2004 年，为进一步缓解电力供应紧张状况、提高电力使用效率，国家发展改革委、国家电监会联合印发《加强电力需求侧管理工作的指导意见》，进一步规范各地区电力需求侧管理活动。

2008 年，国家发展改革委、财政部、国家电网有限公司联合下发《关于在江苏省苏州市开展电力需求侧管理综合试点工作的通知》，以地方试点深入推进电力需求侧管理。

2010 年，国家发展改革委等六部门联合发布《关于印发〈电力需求侧管理办法〉的通知》（发改运行〔2010〕2643 号），进一步推动全国各地提高电力资源利用效率。这一时期，我国电力需求侧管理工作初具雏形，电网企业是电力需求侧管理的重要实施主体。在电力供应不足时，电力需求侧管理主要通过行政措施、经济激励、技术手段等采取有序用电措施，依法控制部分用电需要，确保电力系统安全稳定运行。

（2）推动销售电价改革

2002 年之前，我国各地销售电价主要是按照行业类别分电压等级定价，销售电价体系复杂、名目繁多。

2002 年，我国实施电价改革，《国务院办公厅关于印发电价改革方案的通知》（国办发〔2003〕62 号）和《国家发展改革委关于印发电价改革实施办法的通知》（发改价格〔2005〕514 号）先后发布，后者明确了我国销售电价的含义、总体实行方法和制定原则，对销售电价的构成及分类、计价方式、制定和调整以及销售电价管理分别进行了具体的说明。

2002 年之后，我国各省份结合当地的实际情况，按照《国家发展改革委关于印发电价改革实施办法的通知》附件三《销售电价管理暂行办法》（发改价格〔2005〕514 号）规定的原则和方法，分步骤地开展了销售电价改革。北京、天津、上海等地一方面完善了峰谷分时电价制度，另一方面出台了尖峰电价政策，以抑制峰谷差不断扩大的趋势。

3. 地方企业实践

国家电力公司把电力需求侧管理列入了 2001 年开始实施的《国家电力公司一流供电企业考核标准（试行）》，明确规定一流供电企业必须积极开展电力需求侧管理，要有计划、有实效。

2002 年夏，江苏制定了我国首个省级层面《电力需求侧管理办法》，表明我国的电力需求侧管理逐步走向制度化。此后，一系列与电力需求侧管理相关的管理制度、管理办法、指导意见相继出台，表明我国在电力需求侧管理方面正在逐步走向成熟。

我国推广电力需求侧管理项目是从 2003 年以后逐步开始的。2003 年，国家电网公司制定了《国家电网公司关于加强电力需求侧管理的实施办法》。据统计，实施电力需求侧管理前 3 年，节约了 800 亿千瓦时的电量，减少二氧化碳排放量 9000 万吨，减少二氧化硫排放量 100 万吨，对缓解我国日益严重的环境污染做出了巨大贡献，同时大大缓解了电力供需紧张关系。

进入 21 世纪后，我国的国内生产总值保持较快增长，消费量也日益增加，通过实施电力需求侧管理措施，“十一五”期间总共节约电量约 1500 亿千瓦时，相当于减少消耗 7000 多万吨标准煤，对我国的环境保护和降低单位 GDP 能耗有重要意义。

2003年，江苏通过实施可中断负荷试点实现移峰80万千瓦；浙江实施居民峰谷电价，转移峰荷20万千瓦以上；北京实施冰蓄冷空调、蓄热电锅炉和居民蓄热电采暖项目，实现移峰30万千瓦。

2008年，北京奥运场馆成为世界上利用太阳能发电量最多的建筑群之一，整套设备年节约电费高达457.8万元，按设计使用15年计算，这套太阳能系统将节约电量13743万千瓦时，节省电费6867万元。

（三）2010—2017年

2010—2017年，我国经济由高速增长阶段转向高质量发展阶段，电力消费结构持续优化，用电增长动力逐步转换，电力供需形势发生深刻变化。电力供需总体宽松，局部区域高峰时段供需偏紧。

随着经济发展稳中向好，全国电力供需延续总体宽松态势。全社会用电量连续两年增速上升，2017年，全国全社会用电量6.3万亿千瓦时，年均增长6.6%。电力装机增长迅速，2017年，新增装机容量13372万千瓦，创历史新高。截至2017年底，全国全口径发电装机容量17.8亿千瓦，同比增长7.6%。全国电力装机增速高于用电需求，但区域间供需差异较大。华北地区在高峰时段电力供应紧张，东北和西北地区电力供应富余。

电力需求侧管理是供给侧结构性改革的重要内容，随着供给侧结构性改革的推进，电力需求侧管理的工作重心逐渐从削减电力电量以保障供需平衡向多元化目标转变，工作方向从以“减法”为主向以“减法加法相结合”为主转变，发挥电能清洁环保、安全便捷等优势，通过电能替代促进能源消费结构优化和清洁化发展。

1. 电力需求侧管理内涵及重点

随着我国电力、经济形势不断调整，为应对电力经济发展面临的多重挑战，需要进一步拓展电力需求侧管理的工作内涵。

这一阶段的电力需求侧管理，是指加强全社会用电管理，综合采取合理、可行的技术和管理措施，优化配置电力资源，在用电环节制止浪费、降低电耗、移峰填谷、促进可再生能源电力消费、减少污染物和温室气体排放。电力需求侧管理工作拓展为节约用电、环保用电、绿色用电、智能用电、有序用电5个维度，全面推动电网企业、电能服务机构、售电企业和电力用户开展电力需求侧管理工作，协调处理供给侧和需求侧的关系，助推供给侧结构性改革工作不断深入。

2. 典型政策

一是不断丰富电力需求侧管理政策体系。2010年以来，国家颁发了一系列电力需求侧管理新政策、新文件，对电力需求侧管理做出了新的部署，提出了新的要求。为贯彻落实2010年版《电力需求侧管理办法》中“各省级电力运行主管部门会同有关部门和单位制定本省、自治区、直辖市电网企业的年度电力电量节约指标，并加强考核。指标原则上不低于有关电网企业售电营业区内上年售电量的0.3%、最大用电负荷的0.3%”的要求，国家发展改革委于2011年印发《电网企业实施电力需求侧管理目标责任考核方案（试行）》，对总体思路，考核对象、内容和方法，考核程序，保障和奖惩措施进行了明确规定。同时，文件规定了节约电力电量的统计、计算与上报方法与程序，并公布了省级电网企业考核评分表。其中，省级电网企业考核评分表的考核指标分为节约电力电量指标与需求侧管理措施落实指标，并逐项赋予分值。2011年初，工业和信息化部印发《关于做好工业领域电力需求侧管理工作的指导意见》，首次提出以工业用电为突破口，从优化工业领域电力资源配置入手，统筹协调能源和工业供需两侧，强化调整工业用电结构和方式，应用现代信息和互联网技术，建立覆盖工业生产全过程的用电管理体系，实现以尽可能少电力消费创造最大工业增加值产出。根据《电网企业实施电力需求侧管理目标责任考核方案（试行）》的有关规定，国家发展改革委对电网企业实施电力需求侧管理进行年度考核。经过“十二五”时期的实践应用，核证方法在电网公司电力需求侧管理目标考核工作中发挥了重要作用，为考核工作提供了科学严谨、可操作性强的节约电力电量量化方法。2017年，为适应新形势、新任务，国家发展改革委等部门对2010年发布的《电力需求侧管理办法》进行了修改完善，发布了《电力需求侧管理办法（修订版）》，要求树立“电力的需求侧即是用户的供给侧”的理念，拓展了新时代电力需求侧管理工作的主要内容，切实发挥好需求侧管理的重要作用，推进供给侧结构性改革。该办法规定，电网企业、电能服务机构、售电企业、电力用户是电力需求侧管理的重要实施主体，同时，指导新的电力需求侧管理从节约用电、环保用电、绿色用电、智能用电、有序用电等方面展开。

二是启动电力需求侧管理试点示范工作。为实质性推动电力需求侧管理工作有效开展，中央财政安排专项资金，支持电力需求侧管理城市试点。2012年7月，《财政部、国家发展改革委关于开展电力需求侧管理城市综合试点工作的通知》（财建〔2012〕368号）发布，正式启动电力需求侧管理城市综合试点工作。与财建〔2012〕369号文件同时发布的《财政部发展改革委关于印发〈电力需求侧管理城市综合试点工作中央财政奖励资金管理暂行办法〉的通知》（财建〔2012〕367号），选择部分符合一定条件的城市开展电力需求侧管理综合试点工作，并对试点城市给予资金支持，奖励标准为“（一）对通过实施能效电厂和移峰填谷技术等实现的永久性节约电力负荷和转移高峰电力负荷，东部地区每千瓦奖励440元，中西部地区每千瓦奖励550元；（二）对通过需求响应临时性减少的高峰电力负荷，每千瓦奖励100元”。

2012年11月，我国公布首批试点城市，分别为北京、苏州、唐山、佛山。在这一时期，通过财政资金撬动作用，城市综合试点积极探索了电力需求侧管理的先进经验和模式，综合采取了能效电厂、需求响应等一系列措施，有力推动了电力需求侧管理技术创新和制度创新。

3. 试点地区实践

（1）江苏地区实践经验

一是建成全国首家省级电能管理服务平台。江苏建立了电力需求侧管理平台暨江苏省电能管理公共服务平台。这是一套综合了现代网络通信、物联网、云计算、大数据、电力电能管理等一系列专业技术的信息化管理与应用系统，对提高能源使用效率、缓解电力供需矛盾、推动电能高效利用、推进节能减排、培育现代电能服务产业、稳定经济增长意义深远。平台建设以政府为主导，遵循统一设计、科学规范、开放有效的原则，通过不断开发完善，逐步发挥了数据平台、业务平台、分析平台、互动平台和宣传培训平台的作用，具备电能在线监测、有序用电及需求响应、能效项目管理与统计、经济运行态势预警分析等四大功能。

二是终端电力用户数字化水平大幅提高。对于工业用户，江苏发布《关于加快推进全省工业企业智能用电管理的通知》，扩大工业企业电能在线监测覆盖面，培育电能服务业，鼓励电能服务商为江苏大中型工业用户免费安装电能监测终端，借助电力需求侧管理平台和在线监测数据，整合社会电能服务商和节能服务公司的力量，推动电能的精细化管理和服务，帮助电力用户持续优化用电结构、提升能效水平。

三是完善政策机制支撑需求响应组织实施。2015 年以来，江苏发布了一系列政策文件推动需求响应工作，如《江苏省电力需求响应实施细则》《关于明确 2016 年实施电力需求响应有关工作的通知》《关于做好 2017 年有序用电和需求响应有关工作的通知》《江苏省电力需求响应实施细则（修订版）》《关于加强电力实时需求响应能力建设的通知》等。

（2）广东地区实践经验

一是组织实施佛山市电力需求侧管理综合城市试点项目。项目实施期为 2013 年至 2015 年底，总投入 45.45 亿元，其中，中央财政投入资金

1.78 亿元，地方配套资金 0.89 亿元，企业自筹资金 42.78 亿元。项目结束后，可节约电力负荷和转移高峰电力负荷 45 万千瓦。通过实施试点项目，广东建成了省级电能服务管理平台，不仅推广了负荷管理项目，培养了具有地方特色的电能服务产业，而且加强了基础能力建设，强化了政策研究，为全国电力需求侧管理工作开创了可复制、易推广的工作模式。

二是组织实施工业领域电力需求侧管理试点。自 2012 年被工业和信息化部作为工业领域电力需求侧管理试点省份以来，广东积极研究制定需求侧试点建设方案，充分整合现有电力管理系统平台，通过技术改造、负荷管理等一揽子需求侧管理政策、技术等措施的应用和推广，实现了节约电力负荷和转移，提高了供电负荷率；帮助企业通过建立电力需求侧管理系统，实现能源管理信息化、集中化、全局化。

三是加大差别电价专项资金支持力度。广东为加强差别电价电费收入管理，制定了《广东省差别电价电费收入专项资金管理暂行办法》（以下简称《资金管理暂行办法》）、《广东省差别电价电费收入专项资金项目申报指南》等多个文件。根据《资金管理暂行办法》规定，广东通过服务机构组织了项目评审，根据专家评审结果，统筹兼顾区域平衡。项目自实施以来，共安排电力需求侧管理项目 17 项，安排财政资金 2850 万元。通过财政资金的引导放大作用，拉动了企业投资，推动了电力需求侧管理，加快了产业结构调整和节能减排，实现了良好的经济效益和社会效益。

（四）2017—2023 年

2017—2023 年，我国电力市场化改革加速推进，电力供需形势从总体宽松向总体平衡、局部偏紧转变，电力需求侧管理面临的内外部环境发生了较大变化。

1. 电力需求侧管理新形势

（1）全社会用电总量增长进入新常态

从总量来看，2023 年，全社会用电总量为 92241 亿千瓦时，同比增速达到 6.7%。从增速来看，“十三五”前 4 年全社会用电总量年均增速为 6.1%；2020 年，受疫情影响全社会用电总量年均增速降至 3.1%；2021 年，全社会用电总量同比增长 10.3%；2022 年全社会用电总量同比增长 3.6%，用电波动变化特征显现，但总体上涨趋势明显。

（2）绿色电力消费引导终端电气化水平持续提高

电力需求侧管理在推进能源消费革命、实施能耗“双控”中发挥了重要作用。“十三五”期间，全国电能替代规模超过 8000 亿千瓦时，占新增用电规模的 44%。国内外发展经验表明，电气化水平与能源强度呈明显的负相关关系，电能占终端能源比重每上升 1 个百分点，能源强度可下降 3.2%，可促进清洁能源消纳提升 1.6 个百分点。电气化水平的提高对提升能源综合利用效率、推进能源清洁低碳转型发挥着重要作用。

（3）数字经济及居民用电增长显著

数字经济用电需求强劲增长。中国信通院数据显示，2023 年，我国数字经济规模达 56.1 万亿元，总量稳居世界第二，占 GDP 比重达 40%以上。随着人工智能等更高算力密度需求技术的普及，算力基础设施电耗不断攀升。据估算，2023 年，数据中心用电量占全社会用电量比重超过 3%。居民用电需求增长空间巨大。2023 年，我国居民人均用电量为 959.4 千瓦时，随着生活水平提高和居民用能电气化率提升，居民用电需求将呈快速增长态势。

（4）空调负荷在迎峰度夏、度冬期间快速高涨

伴随着人民生活质量的提高，空调负荷在我国电力消费中的占比持续提高。特别是，近年来，极端天气频发，极寒、极热天气下，空调用电在部分地区占比一度超过 50%，为电力系统安全、经济运行带来巨大挑战。

（5）电力市场化推进持续加速

目前，省间、省内中长期电力交易机制已基本建立并常态化运行，省间、省内现货试点市场建设取得积极进展。以省内电力市场为基础，省内市场和跨省跨区市场协同推进的全国统一电力市场建设初见成效。2023年，全国电力市场交易电量5.7万亿千瓦时，占全社会用电总量的61.4%，电力市场正在成为配置电力资源的最重要方式。

（6）电力需求侧管理技术持续发展

以互联网信息技术创新为主要方向的科技进步、数字革命正成为能源革命的重要驱动力。电力与能源领域未来的建设需要变革，电力需求侧管理也需要与时俱进，充分利用能源互联网、大数据等先进科学技术，推动需求侧管理向数据化、智能化方向发展。

2. 电力需求侧管理内涵及重点

随着新一轮电力体制改革逐步推进、电力供需形势转向总体宽松，电力需求侧管理内涵逐步拓宽。2017年以来，除继续做好电力电量节约，促进节能减排工作外，还进一步强调从需求侧促进可再生能源消纳，并探索需求响应市场机制建设。这一时期，在电力市场化改革大背景下，电力需求侧管理逐步与电力市场建设相融合，向市场化产业化方向发展。

新时期，电力需求侧管理的新特征有五个方面。

（1）目标多元加强统筹

电力需求侧管理最开始主要侧重于通过节约用电提高能效，通过有序用电保障电力运行安全。在当前新型电力系统建设背景下，电力需求侧管理的目标趋于多元化，更加强调保安全、提效率、促转型、助发展等多目标的统筹协调。一方面，随着新能源、分布式能源、新型用电负荷等大规模进入电力系统，电力供、需两侧波动性增强，尤其在夏季高温和冬季寒潮等尖峰时刻，时段性、局地性供需缺口频现，所以，提高用电效率，保障供需平衡和电力运行安全，要求电力需求侧管理更好地发挥作用。另一方面，随着传统电力系统向新型电力系统演进，电力需求侧资源的潜力有待更好地挖掘，以统筹发展、减排和安全，支撑电力系统转型升级和电力经济高质量发展。

（2）全面综合重点突出

电力需求侧管理综合采取合理可行的技术、经济和管理措施，优化配置电力资源。作为加强和完善全社会用电管理的重要手段，电力需求侧管理的内涵和举措也不断丰富。电力需求侧管理的主要内容体现了与时俱进的特点，从“科学用电、节约用电、有序用电”，拓展至“节约用电、环保用电、绿色用电、智能用电、有序用电”，再拓展至“节约用电、需求响应、绿色用电、电能替代、智能用电、有序用电”。坚持全面推进和重点突破相结合，着力健全长效机制，综合提升工作效能，一方面，各维度“用电”相互支撑、协同发力；另一方面，坚持节约优先，强化需求响应，拓展绿色用电等，重点激发需求侧资源潜力、活力。

（3）节能减排降碳协同

党的二十大报告提出：“协同推进降碳、减污、扩绿、增长，推进生态优先、节约集约、绿色低碳发展。”新时期的电力需求侧管理，在坚持电力安全底线思维基础上，积极拓展绿色发展相关内容。节约用电一以贯之，通过节约电力、电量，为节约用能和提高能效提供坚实支撑；大力推进绿色用电，同时在终端拓展电能替代的范围和深度，为深入推进电力部门减排降碳，优化能源结构，提供两大关键工作抓手。

（4）数字智能技术赋能

当前，新一代科技革命和产业变革方兴未艾，“云大物移智链”等数字化技术飞速发展，正在深刻改变能源电力系统运行模式和电力资源配置方式，数字化、智能化技术与电力行业融合应用已成为构建新型电力系统的必然选择。在电力需求侧管理中，通过智能用电的推广应用，促进电力利用效率的提升与电力利用方式的变革，并为电力需求侧管理的创新升级和电力经济新业态与新模式的培育提供强劲动能。

（5）市场和政府共同发力

随着电力市场建设和市场化改革推进，电力需求侧管理也能更好地依托市场化机制的引导和相关政策措施的保障，实现更高质量的发展。新时期，电力需求侧管理坚持有效市场与有为政府更好结合，一方面突出市场的决定性作用，提出全面推进需求侧资源参与电能量和辅助服务市场常态化运行，建立并完善与电力市场衔接的需求响应价格机制；另一方面强化政策机制保障，要求在能源电力发展相关规划中进一步明确电力需求侧管理的定位和作用，鼓励各地因地制宜出台电力需求侧管理相关细则，细化工作措施等。

3. 典型政策

（1）电力需求侧管理政策体系不断健全

国家层面多个战略规划将电力需求侧管理、需求响应作为重点任务纳入其中，如《国家能源生产和消费革命战略（2016—2030）》在“十三个重大战略行动中”提出“电力需求侧管理行动”；《“十四五”能源领域科技创新规划》明确提出，研制基于5G和边缘计算的可调负荷互动响应终端，研发融合互联网技术的可调负荷互动系统。此外，国家发展改革委、国家能源局等也出台了诸多注重挖掘需求侧灵活性资源的文件，包括《关于提升电力系统调节能力的指导意见》《关于推进电力源网荷储一体化和多能互补发展的指导意见》等。2017年以来，工业和信息化部围绕工业领域电力需求侧管理出台了一系列政策文件，不断完善工业领域电力需求侧管理工作体系，指导工业企业/园区优化用电结构、调整用电方式、优化电力资源配置，促进工业转型升级。为推动工业领域电力需求侧管理工作落实，定期组织发布全国工业领域电力需求侧管理参考产品（技术）目录、遴选全国工业领域电力需求侧管理示范企业（园区），不断总结工业领域电力需求侧管理工作经验，加强宣传推广，充分发挥示范辐射带动作用，推动工业领域电力需求侧管理工作取得新成效。2023年9月，在2017

年《电力需求侧管理办法》基础上，国家发展改革委、工业和信息化部等六部委联合印发《电力需求侧管理办法（2023年版）》，将需求响应单独成章，结合电力市场建设进程，全面推动电力需求侧管理市场化发展。同月，国家发展改革委、国家能源局印发《电力负荷管理办法（2023年版）》，进一步规范了需求响应的工作流程。

（2）持续优化电价政策

2019年6月，《国家发展改革委关于全面放开经营性电力用户发用电计划的通知》（发改运行〔2019〕1105号）发布，明确经营性电力用户的发用电计划原则上全部放开，推动供需双侧全部进入市场。2021年10月，《国家发展改革委关于进一步深化燃煤发电上网电价市场化改革的通知》（发改价格〔2021〕1439号）印发，有序放开全部燃煤发电电量上网电价，扩大市场交易电价上下浮动范围，推动工商业用户都进入市场，取消工商业目录销售电价，市场建设取得实质性进展。至此，我国工商业用户电价由上网电价、上网环节线损费用、输配电价、系统运行费用、政府性基金及附加组成。随着电力市场建设发展进程加速，电网企业代理购电范围不断缩小，推动更多工商业用户直接参与电力市场交易。

（3）健全电力市场体系

2017年，国家发展改革委、国家能源局联合发文选择南方（从广东起步）、蒙西、浙江、山西、山东、福建、四川、甘肃等地区作为第一批电力现货市场试点，标志着电力现货市场建设加快推进，逐步构建中长期交易与现货交易相结合的电力市场体系。2019年7月，国家发展改革委、国家能源局印发《关于深化电力现货市场建设试点工作的意见》，指导各地和相关企业进一步建立完善现货交易机制，在电力现货市场试点稳妥推进的基础上，逐步扩大试点范围。2021年4月，国家发展改革委、国家能源局选择上海、江苏、安徽、辽宁、河南、湖北等6省市为第二批电力现货市场试点。2022年1月，《国家发展改革委　国家能源局关于加快建设全国统一电力市场体系的指导意见》（发改体改〔2022〕118号）印发，从电力市场顶层设计角度明确了电力市场建设的层次体系、功能定位和路线图。2022年1月，《国家发展改革委　国家能源局关于完善能源绿色低碳转型体制机制和政策措施的意见》（发改能源〔2022〕206号）发布，明确支持微电网、分布式电源、储能和负荷聚合商等新兴主体独立参与电力交易，积极推进分布式电源市场化交易。2023年7月，中央全面深化改革委员会第二次会议审议通过《关于深化电力体制改革加快构建新型电力系统的指导意见》，意味着未来电力体制改革方向要适应新型电力系统建设需要。为进一步加快全国统一电力市场体系建设，2023年11月，国家发展改革委、国家能源局印发《关于进一步加快电力现货市场建设工作的通知》（发改体改〔2023〕813号），要求有序实现电力现货市场全覆盖，并加强电力现货市场与中长期市场、辅助服务市场等协调衔接，充分发挥市场在电力资源配置中的决定性作用。随着供需两侧新型主体不断涌现，我国新型主体参与电力市场范围不断放开。

（4）推动新型电力负荷管理系统建设

2022年，《国家发展改革委办公厅、国家能源局综合司关于推进新型电力负荷管理系统建设的通知》（发改办运行〔2022〕471号）发布，要求2025年系统负荷控制能力达到本地区最大负荷的20%以上。在此背景下，各地均出台配套支撑政策，全国大部分地区成立了省级负荷管理中心。其中，天津建成投运全国首个政府授权的省级负荷管理中心，聚焦需求侧管理、应急调度、虚拟电厂运营、科技创新和交流培训五大功能定位，通过统一管理、调控和服务，实现对电力负荷的精准控制和常态化调节；辽宁成立东北地区负荷管理规模最大的省级负荷管理中心，实现辽宁电力负荷资源统一管理、统一调度和统一服务；江苏依托省级负荷管理中心开展电力负荷智能化、精细化、常态化管理，做好需求响应和有序用电组织实施等相关工作。

第三章

挖掘需求侧资源的经济性研究

在发展新质生产力的背景下，技术革新、生产要素配置优化以及产业深度转型升级步伐加快，对高效、低碳、智能电力供应体系的要求不断提高。构建新型电力系统是推动电力领域高质量发展的关键抓手，在新型电力系统中，可再生能源占比不断提高、用电侧和发电侧界限逐渐模糊等趋势，都要求系统通过整合创新技术和优化资源配置实现更高的系统稳定性和经济效率。

过去，利用调节电源等供应侧资源满足电力系统灵活性、支撑性需求是较为常见的手段，但是随着新型电力系统中兼具发电属性与用电属性的新型经营主体快速发展，特别是更多地出现在电网末端，仅从供给侧提供解决方案的技术和经济可行性呈现显著下降趋势，引入需求侧资源协同构筑新型电力系统已成为必然选择。

在此背景下，本章将详细探讨在新型电力系统中，实施需求侧资源开发与利用的成本与收益，包括如何通过电价引导用电需求，如何通过需求响应与虚拟电厂提升电力系统运行效率，以及如何支持解决系统中短时尖峰与低谷等问题。

一、基于电价引导需求侧资源的经济性分析

在全球范围内，通过电价直接引导终端用户调整其用电行为，实现与电力系统经济安全运行协同，已成为一种普遍优化手段。1984—1986 年，我国首次试行峰谷分时电价及丰枯季节电价，旨在引导电力消费，并根据

节约电力资源、促进用户合理节约用电及保持电价总水平基本稳定的原则进行。该政策最初以试点形式启动，后逐步向全国推广。此举显著提高了用电负荷率，促进了电力资源的合理配置，缓解了高峰时段的用电紧张，从而保障了电力系统的安全稳定运行。

随着我国电力体制改革不断深化，峰谷电价正逐步从政府管制的定价机制转变为根据地区电力市场规则决定的分时电价。同时，随着电力中长期交易的日益成熟，丰枯季节电价正在被逐步淘汰，转而由电力中长期交易充分反映月度电力供需状况。这一变化标志着市场机制在电力价格形成中扮演着日益重要的角色，进一步促进了电力市场的高效发展，提高了价格透明度。

（一）我国市场化电价的形成机制

随着我国工商业用户全面融入电力市场，电力批发市场和零售市场的架构基本确立。此架构允许电力用户以双重身份参与市场：一方面，用户可作为批发市场的独立购电主体，直接从市场获取电力资源并适应其高频的价格波动；另一方面，用户可通过售电公司或电网企业的代理参与市场交易，依据零售市场的定价规则购电，此种方式价格波动相对较小，调整周期相对较长，如图 3-1 所示。

在此过程中，制定政策时，既考虑了各地区电价的发展历史沿革，也充分考虑了新的终端电价形成机制。特别是随着第三轮输配电价核定完成，输配环节价格的组成部分进一步厘清，用户实际购电价格的形成模式越发复杂，如图 3-2 所示。综合这些因素，我国确立了电网代理和售电公司代理参与市场交易的峰谷电价模式。这种模式增强了电力市场的适应性和灵活性，确保了电力供应更好地响应市场需求和价格信号，促进了电力市场结构的优化和电力资源的有效配置。这些进展不仅展示了市场机制在电力行业中的应用效果，也为未来市场导向型改革提供了实践基础。

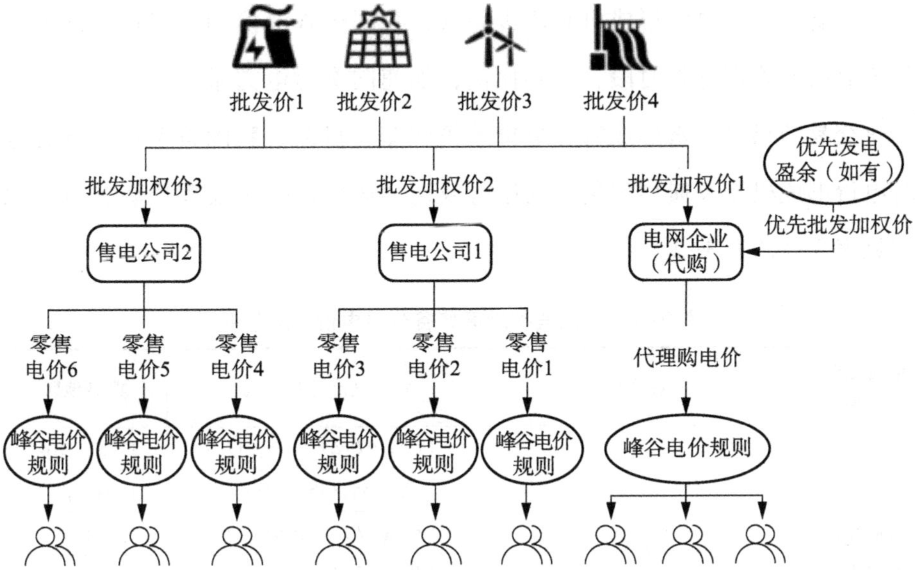

图 3-1　我国市场化电价形成模式

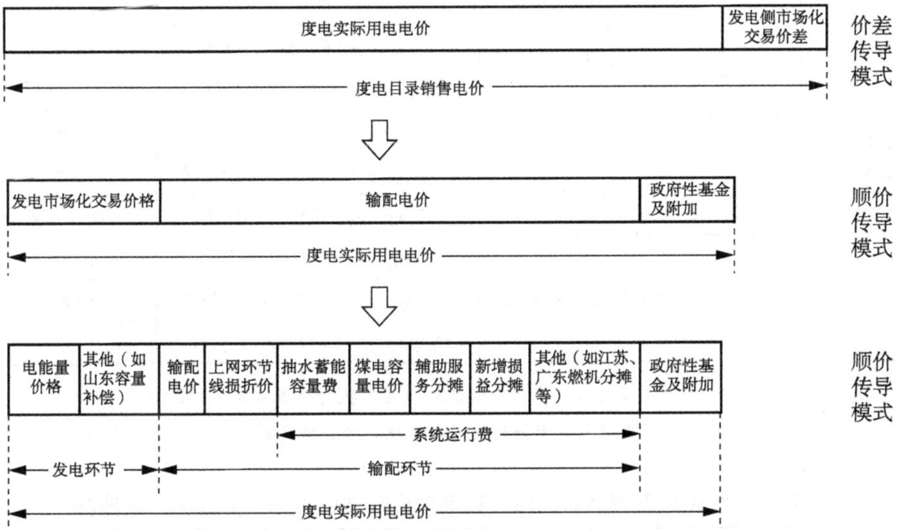

图 3-2　我国市场化电价形成模式的演变

注：广东、广西新增损益分摊暂处于发电环节。

资料来源：据国家及各典型省份电力市场交易规则归纳，数据截止到 2023 年 12 月。

随着市场化电价形成机制逐步完善，我国峰谷电价的形成也从此前单纯依靠政府确定峰谷时段、峰谷比例，加速向参考电力系统供需特性、市场化交易结果等因素形成峰谷电价政策转变。目前，我国典型地区峰谷分时电价形成机制及典型现货正式运行或连续运行地区主要零售套餐设定原则见表 3-1、表 3-2。

表 3-1　我国典型地区峰谷分时电价形成机制

购电主体类型	区域类型		峰谷电价计算公式	典型地区
电网代理购电主体	不区分		$(P_{代理}+T+L+O)\times\gamma_i+F$	广东、湖南
			$P_{代理}\times\gamma_i+T+L+O+F$	山西、河北
			$(P_{代理}+T)\times\gamma_i+L+O+F$	河南
			$(P_{代理}+T+L)\times\gamma_i+O+F$	湖北
			$(P_{代理}+T+L+O+F)\times\gamma_i$	江苏、浙江
			$(P_{代理}+L+O)\times\gamma_i+T+F$	山东
直接电力交易购电主体	非现货连续运行地区	暂不进行分时段中长期交易	$(P_{零售中长期}+T+L+O+F)\times\gamma_i$	江苏、浙江
			$(P_{零售中长期}+T+L+O)\times\gamma_i+F$	湖南
			$(P_{零售中长期}+T)\times\gamma_i+L+O+F$	河南、江西
		按分时进行中长期交易	$P_{i,零售中长期}+T+L+O+F$	河北
			$P_{i,零售中长期}+(T+L)\times\gamma_i+O+F$	湖北
			$P_{i,零售中长期}+T\times\gamma_i+L+O+F$	河南、江西
		现货连续运行地区	$P_{i,零售现货}+T+L+O+F$	山西
			$P_{i,零售现货}+(L+O)\times\gamma_i+T+F$	山东
			$P_{i,零售现货}+(T+L+O)\times\gamma_i+F$	广东

注：上述公式中，山东系统运行费用中的新增损益不执行峰谷分时电价政策。

资料来源：根据各典型省份电力市场交易规则整理，数据截止到 2023 年 12 月 31 日。

表 3-2　我国典型现货正式运行或连续运行地区主要零售套餐设定原则

地区	零售套餐模式	零售套餐公式
山东	固定价格	$P_{i,零售现货}=P_{i,固定价格}+P_{容量补偿}\times\gamma_i$
	市场费率	$P_{i,零售现货}=P_{i,现货}\times\varphi+P_{容量补偿}\times\gamma_i$
	固定价格+市场费率	$P_{i,零售现货}=P_{i,固定价格}\times\alpha+P_{i,现货}\times\varphi\times(1-\alpha)+P_{容量补偿}\times\gamma_i$

续表

地区	零售套餐模式		零售套餐公式
山西	约定不分时电价		$P_{i,\text{零售现货}}=P_{\text{约定}}\times\gamma_i$
	约定分时电价	不约定零售电量	$P_{i,\text{零售现货}}=P_{i,\text{约定}}$
		约定零售电量	$P_{i,\text{零售现货}}=P_{i,\text{约定}}+P_{i,\text{偏差}}\times\Delta Q_i/Q_{i,\text{实际}}$
广东	固定+联动		$P_{i,\text{零售现货}}=[P_{\text{固定}}\times(1-\beta)+P_{\text{市场浮动}}\times\beta]\times\gamma_i$

注：1. 上述公式暂不考虑各市场交易中产生的不平衡等损益。

2. 针对山西市场，上述公式暂不考虑调平电量影响。

资料来源：根据各典型省份电力市场交易规则整理，数据截止到 2023 年 12 月 31 日。

对于电网代理购电主体来说，$P_{\text{代理}}$为电网代理购电价格，由电网企业代理通过市场交易方式采购，并逐月公布综合平均价，为不分时价格。T 为输配电价，由国家价格主管部门按照固定周期进行核定，不包含输配电网损费用。L 为输配电网损费用，由电网企业动态更新并发布。O 为系统运行费用，一般包括抽水蓄能容量费用、煤电容量电价、辅助服务成本等。F 是随电费征收的政府性基金及附加，一般包括重大水利工程建设基金、大中型水库移民后期扶持资金、可再生能源电价附加、电力设施占用费等。γ_i 为峰谷调节系数，由省级价格主管部门根据电力系统运行情况制定并发布，通常按照高峰、平段、低谷分别设定执行时段和执行系数，部分地区根据电力系统运行实际增设尖峰、深谷等品种。

对于直接电力交易购电主体来说，在未开展现货连续运行的地区，$P_{\text{零售中长期}}$为在未开展中长期分时交易时，电力用户与售电公司依据电力零售合同约定的综合平均价；$P_{i,\text{零售中长期}}$为在开展中长期分时交易时，电力用户与售电公司按照逐小时或相应的峰谷时段分别约定的分时价格。在开展现货连续运行的地区，$P_{i,\text{零售现货}}$为电力用户与售电公司依据电力零售合同约定的零售分时价格，但是在不同地区，根据当地零售市场运行的相关规则，零售套餐的价格形成方式存在较大差异。具体以典型地区山东、山西、广东为例。

（1）山东

山东零售市场主要提供“固定价格”“市场费率”“固定价格+市场费

率”三种零售套餐。零售套餐公式中，$P_{i,固定价格}$是依据电力零售合同约定的固定分时价格；$P_{i,现货}$是用户侧实时或日前分时电价的月度算术平均值；$P_{容量补偿}$是参与山东电力现货市场的发电机组容量补偿费用，统一从用户侧收取，收取标准暂定为每千瓦时 0.0705 元（含税）。φ 为执行市场费率零售套餐时的价格调整系数。α 为执行“固定价格+市场费率”时采用的调整系数，取值范围为 1%~99%。

（2）山西

山西零售市场主要提供“约定不分时电价”和“约定分时电价”两类零售套餐。目前，对约定分时电价的零售套餐提供不约定零售电量和约定零售电量两种方案。$P_{约定}$为依据电力零售合同约定的固定价格，为不分时电价。$P_{i,约定}$为依据电力零售合同约定的分时固定价格。对于约定零售电量的方案，$P_{i,偏差}$为依据合约调整的分时偏差电价，ΔQ_i 为分时约定电量与实际用电量之差，$Q_{i,实际}$为实际分时用电。

（3）广东

广东零售市场主要提供“固定+联动”的零售套餐。在套餐中，$P_{固定}$是依据电力零售合同约定的固定零售价格，一般按照年度签订。$P_{市场浮动}$是市场联动价格，通过零售合同约定在日前月度综合价、月度集中竞价综合价、月度中长期交易综合价、月度及现货偏差电量加权平均价中任选其一确定。β 为电力零售合同约定的实际用电量，目前不低于 10%；选择日前月度综合价或月度及现货偏差电量加权平均价时，不能高于 20%。

（二）实施峰谷电价对调动需求侧资源成本的影响

从我国峰谷电价的长期实践来看，近年来，各地充分参考电力系统实际运行以及市场化交易数据调整省级电网峰谷电价政策，在一定程度上实现了通过峰谷价格信号引导需求侧与电力系统运行需要相协同。

以 A 省为例，近年来，随着分布式光伏装机比例快速上升，A 省在日间时段经常出现电力供应过剩的现象。针对这一现状，地方价格主管部门依据省级现货市场的实际运行情况，对峰谷电价的执行时段和价格系数进行了持续优化调整，具体调整情况如图 3-3 所示。为评估这些调整措施的效果，本书选取 A 省峰谷电价政策调整前后的多月用电数据进行比较分析，相关数据见图 3-4。分析结果显示，通过调整峰谷电价的时段以及电价的浮动系数，A 省在午间低谷时段的平均用电负荷变化较小，下午至傍晚时段的平均用电负荷呈现显著降低态势，有效地缓解了尖峰用电压力，形成了近 300 万千瓦的尖峰削减能力。

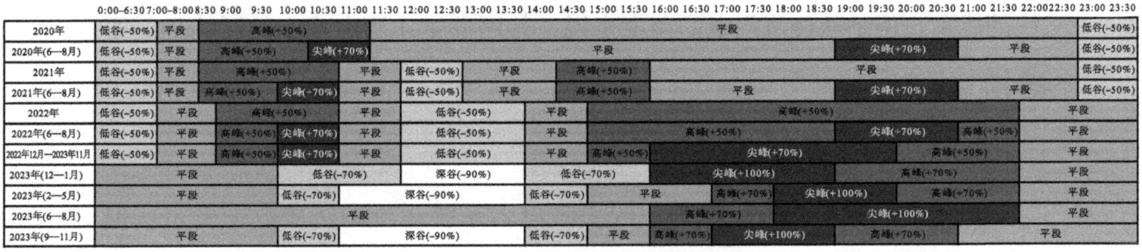

图 3-3　A 省峰谷电价政策调整

注：图中数字表示以平段电价为基准，上浮或下浮的百分比。

资料来源：根据 A 省峰谷电价政策整理。

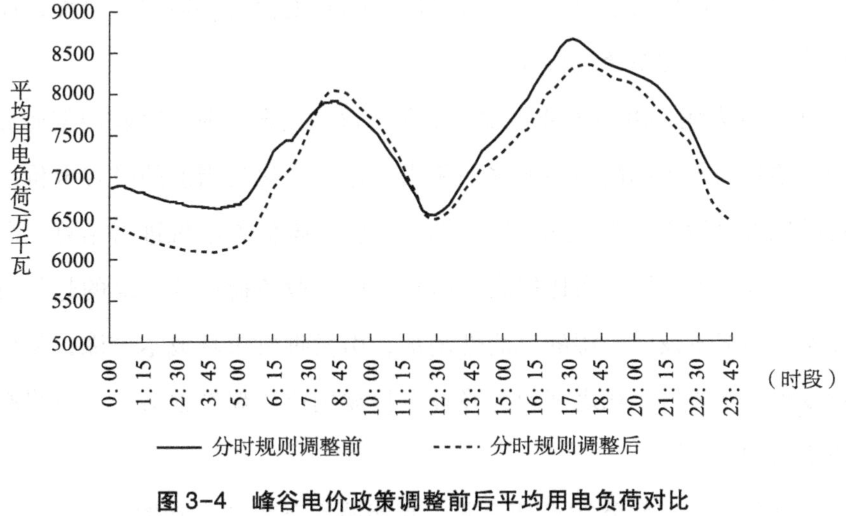

图 3-4　峰谷电价政策调整前后平均用电负荷对比

资料来源：根据 A 省电力交易平台发布数据计算。

A 省的数据表明，通过峰谷电价政策的调整可以调动需求侧资源自主响应电力系统经济运行的需要，从电力系统本身来看，其付出的成本较小，主要体现在终端电力用户分时计量表计的更新上。但是，依靠峰谷电价对需求侧资源进行引导，需要峰谷电价及时可靠地反映电力系统供需形势。我国当前峰谷电价的形成依赖于主管部门的周期性调整，对于执行时段和适用主体的把握，在当前新型电力系统加速建设的背景下，面临一定程度的滞后性和不匹配性。受此影响，尽管实施峰谷电价并不大幅增加电力系统的成本，但是从经济用电的角度来说，其用电主体用电成本的影响仍需要多维考虑。

1. 从执行时段来说

目前，峰谷电价执行时段一般参考电力系统运行的历史数据确定。但是，用电主体本身对于电价的响应特性存在较大的差异。近年来，电动汽车、新型储能等电价敏感型用电主体迅速增加，对峰谷电价信号响应速度非常快，随着这类用电主体在全社会用电中的占比迅速提高，其根据对峰谷电价的迅速反应已造成部分省份时段性峰谷电价与供需关系错配，而由此可能产生额外的系统运行成本。

以 A 省为例，由图 3-4 可知，上午时段的用电负荷因时段调整而显著上升，逐步与下午的高峰用电水平相当，这一变化与当前的峰谷电价政策设定的低谷时段不匹配。此时段终端用电将依据低谷电价进行结算，尽管光伏等低成本发电资源占比提高，但是对应时段负荷持续走高的趋势可能造成调用高成本发电资源的可能性增加，引发批发市场成本上涨，从而引发批发市场和零售市场之间因为峰谷电价规则产生新增损益，造成终端用电成本增加。

以 B 省为例，截至 2023 年 9 月，新能源汽车在 B 省新增车辆中占比已达 49%，B 省新能源汽车保有量达 26.45 万辆，占汽车保有量的 13.53%。按照峰谷电价规则B省23：00至次日7：00执行低谷电价，受此影响，B省统调负荷已11次创历史新高，较历史最高增长15.1%，其中，有8次负荷创新高发生在0：00至0：20时段，形成“零点高峰”现象，出现这种现象的主因之一是凌晨低谷电价时段电动汽车集中充电。“零点高峰”现象，使B省电力保供面临2024年电力供应硬缺口、零点负荷攀升速率过快发电厂无法调节匹配、电网设备重过载问题，并由此产生对系统顶峰的新增成本。为此，B省已将居民、农业、工商业谷段电价执行时段调整为2：00至10：00，公交新能源汽车充电谷段执行时段调整为0：00至8：00。

2. 从适用主体来说

峰谷电价政策通常依据主干电网用电负荷特性制定，并要求政策适用范围内的主体均采用统一的价格浮动比例和执行时段。在实际应用中，尽管通过电力零售市场一定程度实现了对需求侧资源的调动，但是电力用户对电价信号的感知程度和电价水平的接受程度存在较大差异，特别是，近年来，刚性用电负荷和负荷可调节能力较差的用户体量逐渐增加，统一的峰谷电价形成机制对调动需求侧资源的有效性仍需探究，但此类用户用电成本因为峰谷电价的实施呈上涨趋势，成为推动峰谷电价政策的额外成本。

以C省为例，调研典型电力用户用电行为，以电力用户对外界影响的响应程度作为分类的依据，可以将电力用户分为三种类型，且在当地峰谷电价政策影响下，不同类型用户用电行为并未完全受到峰谷电价的影响，如表3-3所示。

表3-3　C省峰谷电价执行时段

峰谷	高峰	平段	低谷
时段	7：00—11：00 19：00—23：00	11：00—19：00	23：00—次日7：00

对于类型一电力用户（典型负荷曲线见图 3-5），单体用电量相对较小，但数量众多，用户的用电时间均集中于低谷和平段用电时段，在参与市场化交易前均依照此前目录销售电价中的低谷电价和平段电价执行。一般可以认为，此类用户对于电价敏感，容易受到电价的波动调整用电计划。

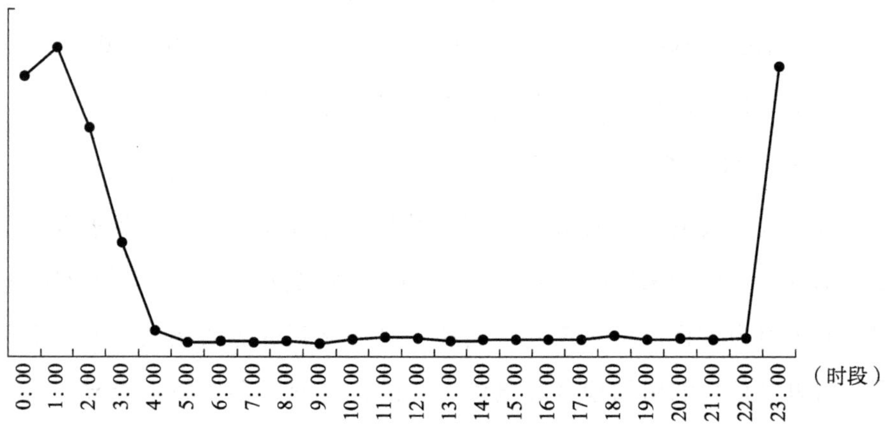

图 3-5　类型一电力用户负荷曲线

对于类型二电力用户（典型负荷曲线见图 3-6），单体用电量相对较大，一般为大型长流程生产型企业、数据中心、电气化铁路等，全天均保持在相对较高的用电状态，并不因为分时电价的影响轻易调整用电计划。因此，认为类型二电力用户对电价敏感性较差，主要受自身用电习惯或生产计划影响，在统一的峰谷电价政策下，此类用户用电成本显著增加。尽管部分地区针对数据中心、电气化铁路等出台了无峰谷的电价，但是随着此类主体规模增加，不与市场耦合的电价政策极易衍生新的不平衡损益，并由其余的市场化主体承担，产生新的损益成本。

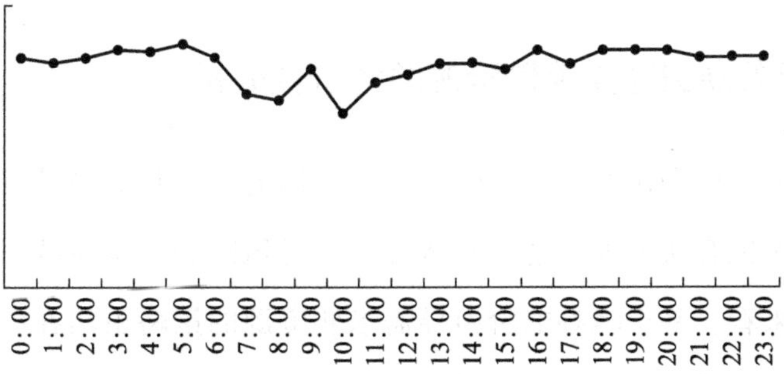

图 3-6　类型二电力用户负荷曲线

对于类型三电力用户（典型负荷曲线见图 3-7），用电趋势主要受到当地气温影响，为气温影响型用户，一般为商业和居民用户。但是，类型三电力用户在小时级的用电行为并不完全随当地平均气温变化迅速做出反应，全天用电行为均集中于高峰或平段用电时段，具有较为明显的规律性。按照“谁受益谁承担”的原则，类型三电力用户用电主体用电成本的增加一般不会增加其他用电主体的用电成本，但是需要注意，随着居民等保障性用电主体增加，新增的不平衡损益仍容易由市场化主体承担，并呈现逐年上涨态势。

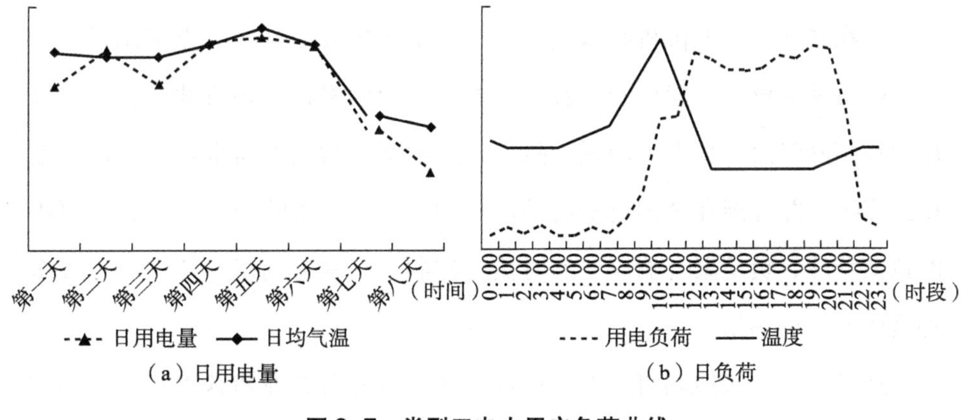

图 3-7　类型三电力用户负荷曲线

二、基于激励引导需求侧资源的经济性分析

近年来，电力市场快速发展，随着市场结构的完善和交易品种的日益丰富，交易频次也有所增加。这一趋势导致交易风险和成本持续上升。从国内外的经验来看，基于峰谷电价引导需求侧资源的策略虽然在电力供需反应上存在一定的滞后性，但仍然受到各类电力用户的欢迎。这主要是因为，大型、中型、小型电力用户在追求成本效率和风险控制的同时，倾向于通过零售市场采购电力。在这种情况下，具有较小价格波动的零售合约更受用户青睐。

为了有效地将高频变化的电力供需信号传递到消费者一端，除需要进一步完善零售市场的机制外，还需在峰谷电价的基础上积极推广基于经济激励的需求侧资源引导措施，如需求响应、虚拟电厂等，不仅能促进电力市场的稳定运行，还能有效调节电力供需，减少系统的不稳定性。

（一）我国市场化需求响应的经济激励形成机制

2002—2004 年，江苏、河北、上海等地开展的可中断负荷管理试点项目，是在峰谷分时电价机制基础上的一次重要拓展。这些试点采用了包括可中断负荷电价、补偿机制以及避峰电价在内的多种管理方式，旨在激励用户在高峰时段减少电力消耗。随后，这种基于激励的需求响应策略不断得到完善，并逐渐在全国范围内推广应用。这些需求响应策略涵盖了可中断负荷管理、负荷聚合响应、实时负荷控制、车网互动以及虚拟电厂等多种具体的应用场景。

通过一系列实地调研、专家访谈、文献研究及企业座谈发现，我国需求响应的特点明显，包括响应主体的多样性、市场建设的多元性、实时响应的规模化、绿色响应的可追溯性。到 2022 年底，全国已有 20 多个省份

出台了详尽的需求响应实施细则。国家电网有限公司在经营区内培育了超过 4700 万千瓦的需求响应资源，中国南方电网有限责任公司的需求响应能力达到了 1100 万千瓦。内蒙古电力（集团）有限责任公司的最大需求响应能力也达到了 150 万千瓦。

在我国，需求响应的激励机制基于峰谷电价机制形成，并通过提供经济补偿额外激励用户调整其用电行为。这种经济补偿的来源在不同区域和需求响应产品之间呈现出多样性，如表 3-4 所示。

表 3-4　典型地区需求响应激励形成机制

<table>
<tr><th>地区</th><th>需求响应品种</th><th>激励类别及构成</th><th>激励来源</th><th>激励来源覆盖范围</th></tr>
<tr><td rowspan="3">江苏</td><td>削峰需求响应</td><td>可中断负荷电价</td><td rowspan="2">尖峰电价增收</td><td rowspan="3">全省</td></tr>
<tr><td>填谷需求响应</td><td>可再生能源补贴</td></tr>
<tr><td>可调负荷辅助服务交易</td><td>可调负荷辅助服务市场费用</td><td>所有市场化用户按当月用电量分摊</td></tr>
<tr><td rowspan="3">山东</td><td>削峰需求响应</td><td rowspan="2">需求响应补偿费用（含备用补偿费和电能量补偿费）</td><td>所有市场化用户按需求响应执行时段用电量分摊</td><td rowspan="3">全省</td></tr>
<tr><td>填谷需求响应</td><td>核电、新能源、火电按需求响应执行时段上网电量分摊</td></tr>
<tr><td>虚拟电厂参与有偿辅助服务</td><td>辅助服务补偿</td><td>并网主体按上网电量分摊（暂未将电力用户纳入）</td></tr>
<tr><td rowspan="4">广东</td><td>日前需求响应邀约交易</td><td>响应收益（含响应收益和考核费用）</td><td rowspan="2">所有市场化用户按当月用电量分摊</td><td rowspan="2">省内发布需求的区域</td></tr>
<tr><td>可中断负荷交易</td><td>可中断负荷交易收益（含备用容量收益和调用首日）</td></tr>
<tr><td>直控型可调节负荷竞争性配置交易</td><td>竞争性配置收益（含容量收益和延迟投产考核）</td><td rowspan="2">所有市场化用户按当月用电量分摊</td><td rowspan="2">全省</td></tr>
<tr><td>稳控切负荷协议</td><td>调用收益</td></tr>
<tr><td>四川</td><td>削峰需求响应</td><td>响应收益</td><td>尖峰电价增收</td><td>全省</td></tr>
</table>

续表

地区	需求响应品种	激励类别及构成	激励来源	激励来源覆盖范围
甘肃	削峰需求响应	需求响应市场补偿费用（含补偿费用和考核费用）	发电企业及电力用户	全省
	填谷需求响应		发电企业	
天津	邀约填谷需求响应	需求响应补偿	财政专项资金	全市
湖北	日前削峰需求响应	日前邀约补偿	三峡增发电量对应的价差空间	全省
	日内削峰需求响应	日内邀约补偿		
	准实时削峰需求响应	准实时响应补偿（含备用容量补偿和准实时补偿）		

注：由市场化用户分摊的费用均采取单独列支，不纳入用户峰谷电价体系。

资料来源：根据各省份规则整理汇总，数据截止到2023年6月30日。

（二）实施需求响应对调动需求侧资源成本的影响

在我国的实践中，需求响应主要以削减用电尖峰和促进可再生电力消纳为主。需求响应根据当地市场化实施规则，通过额外的经济激励措施引导需求侧资源与电力系统经济运行协同。在实际操作层面，削减用电尖峰和促进可再生电力消纳的成本体现并不相同，需要分别进行论述。

1. 应对短时电力尖峰需求

应对短时电力尖峰需求是国内外需求响应的典型应用，并得到了积极推广。在我国的实践中，各地往往采取高于当地电力市场运行限价的形式推动需求响应削峰应用。尽管需求响应削峰应用在推广的省份中取得了良好效果，但是需求响应补偿定价过高、应与其他电源品种同台竞价、与电力市场限价衔接不足等问题持续被业界关注，并引发了激烈讨论。

通常，省级电力系统用电尖峰，是指在省级电网统一调度范围内的用电负荷峰值。以A省、D省为例。作为典型的用电大省，在实施基于价格需求响应的基础上，近年来，两省用电尖峰仍持续攀高。据两省全年用电负荷数据分析，按照最大用电负荷的3%～5%考虑，持续时间不足30小时；按照年最大用电负荷的 10%考虑，最大持续时间也仅在 100 小时左右，如图 3-8 所示。为应对尖峰用电负荷，既可采用供给侧新建煤机、燃机、抽水蓄能、独立储能电站等方式，也可在需求侧实施需求响应应对。

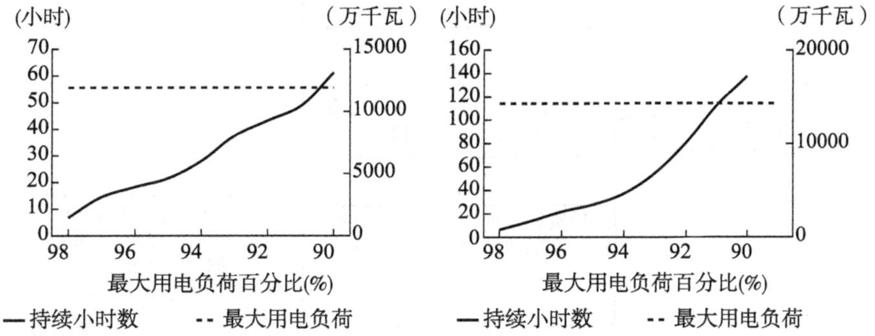

（a）A省　　（b）D省

图 3-8 A 省、D 省尖峰负荷持续情况

（1）供给侧应对尖峰负荷的成本考虑

从供给侧来说，煤电、燃机主要依靠电量电价回收成本，抽水蓄能采用“确定收益的容量电价+固定峰谷价差”或“确定收益的容量电价+市场化峰谷价差”的价格模式，独立储能电站则因地而异存在固定租金、容量补偿、现货峰谷差等多种价格模式。为客观统一衡量差异化的供给侧方案应对尖峰的度电成本，本书设计了一种基于容量补偿的度电成本评价方法，如图 3-9 所示。该评价方法的设计原则是，通过确保供给侧投资主体预期收益保证当地电力系统在负荷尖峰时的稳定运行，按贷款市场报价率（Loan Prime Rate，LPR）为参考设定不同方案的基准容量补偿，变动成本完全通过电力市场竞争疏导，遵循现货电能量市场限价，将年度收益对标预期收益率进行核算，如与预期收益率存在偏差，则引入调整损益（$C_{损益}$）进行平衡。将不同方法归集为统一的评价方法，既可以计算在确定预期收益前提下不同方案的度电成本，也可以通过 $C_{损益}$ 评估不同方案在市场环境下的获益能力。

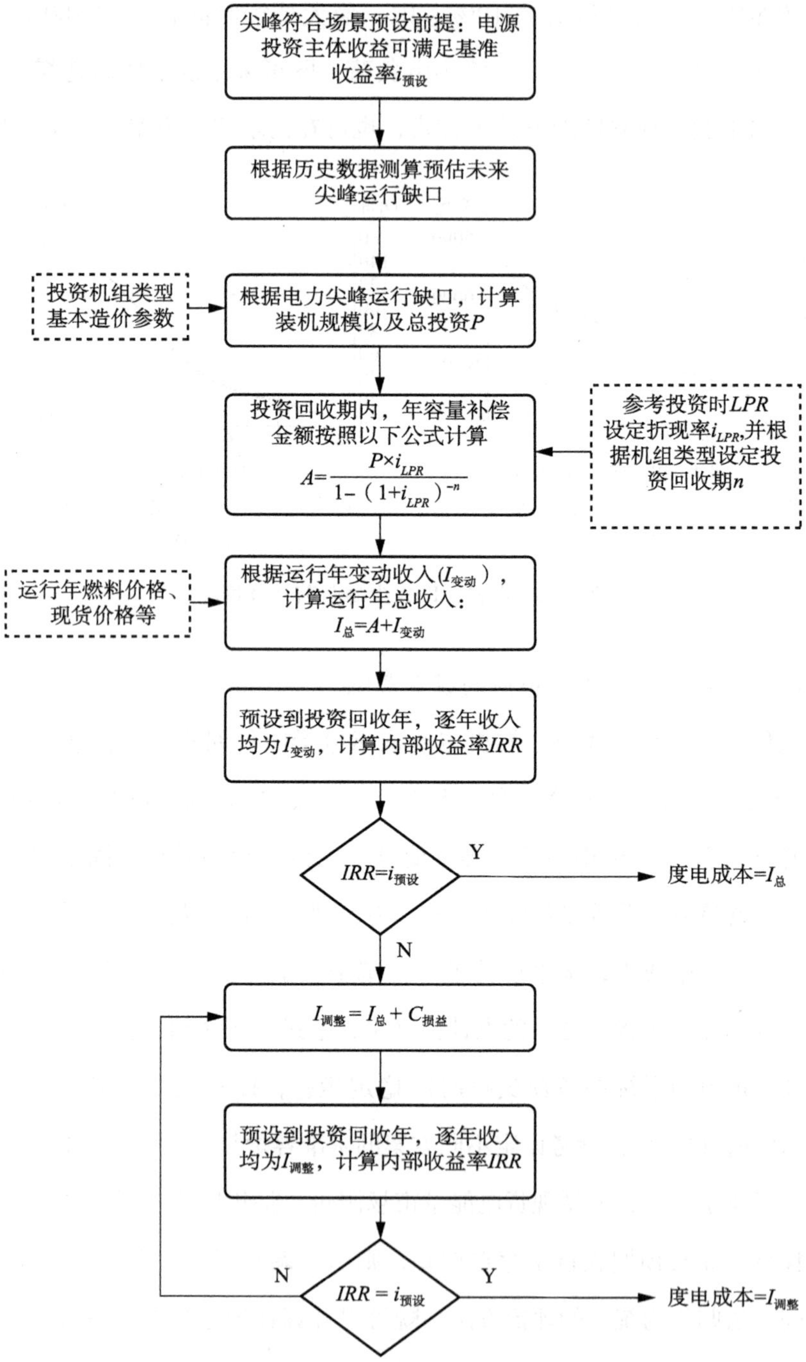

图 3-9　度电成本评价方法

评价计算边界参数见表 3-5。暂不考虑区域间可能价格差异，按照如下原则计算各种应对方式的基本输入。

尖峰运行缺口 L_{peak}，按占最大用电负荷 $L_{\max}$ 不同百分比 δ 的数值，即：

$$L_{peak}=L_{\max}\times\delta \tag{3-1}$$

对于简化计算来说，L_{peak} 为对应每个方案新增装机规模。

表 3-5　评价计算边界参数

经济参数			
预设收益率 $i_{预设}$/%	5	折现率 i_{LPR}/%	4
年现货低谷平均电价 $p_{低谷}$/（元/千瓦时）	0.2	年现货尖峰平均电价 $p_{尖峰}$/（元/千瓦时）	1
燃煤价格 $p_{燃煤}$/（元/吨）	800	天然气价格 $p_{燃气}$/（元/立方米）	2
技术参数			
煤电造价 $cc_{煤电}$/（元/千瓦）	3200	煤电煤耗 $c_{煤电}$/（克/千瓦时）	300
燃机造价 $cc_{燃机}$/（元/千瓦）	2800	燃机气耗 $c_{燃机}$/（立方米/千瓦时）	0.255
抽水蓄能造价 $cc_{抽蓄}$（元/千瓦）	6000	抽水蓄能效率 $\eta_{抽蓄}$/%	75
电化学储能（0.5C）$cc_{储能}$/（元/千瓦）	1200	电化学储能效率 $\eta_{储能}$/%	90
煤电投资回收期 $n_{煤电}$/年	20	燃机投资回收期 $n_{燃机}$/年	20
抽水蓄能投资回收期 $n_{抽蓄}$/年	40	电化学储能投资回收期 $n_{储能}$/年	8

尖峰电量 $Q_{\max}$ 为全年满足用电负荷大于 $L_{\max}\times\delta$ 的尖峰时段电量，认为每次在满足对应条件时间段 $t_1\sim t_2$，用电负荷 $L(t)$ 是随时间变化的连续函数，若全年满足条件的次数为 j，则：

$$Q_{\max}=\sum_{i=1}^{j}\int_{t_1}^{t_2}L(t)\,dt \tag{3-2}$$

总投资 P 为：

$$P=L_{peak}\times cc \tag{3-3}$$

式中，cc 为对应的造价。

年支付容量补偿 A 为：

$$A=\frac{P\times i_{LPR}}{1-(1+i_{LPR})^{-n}} \tag{3-4}$$

假设尖峰负荷时段电价均为 $p_{尖峰}$，燃料价格为 c，对煤电和燃气年变动总收入 $I_{变动}$ 为：

$$I_{变动}=(p_{尖峰}-c\times p_{燃煤})\times Q_{\max} \tag{3-5}$$

对于抽水蓄能和独立储能，效率为 η，年变动总收入为：

$$I_{变动}=(p_{尖峰}-p_{低谷}/\eta)\times Q_{\max} \tag{3-6}$$

年度总收入 $I_{总}$ 为：

$$I_{总}=A+I_{变动} \tag{3-7}$$

假设投资回收期 n 逐年总收入一致，并计算对应应对方式的内部收益率 IRR。对于设计的本评价原则来说，应确保 IRR 满足以下条件：

$$IRR=i_{预设} \tag{3-8}$$

当条件不满足时，引入调整损益 $C_{损益}$，令：

$$I_{调整}=C_{损益}+I_{总} \tag{3-9}$$

通过调整 $C_{损益}$ 使式（3-7）条件成立。可以看出，当 $C_{损益}>0$ 时，投资主体不及预期部分的成本需要通过额外补贴或市场增量分摊实现；当 $C_{损益}<0$ 时，投资主体不及预期部分的成本可作为超额收入部分向全市场疏导。由于年支付容量补偿 A 恒定，当该种方案在市场条件下获益能力更强，$C_{损益}$ 越小并能快速向小于零方向发展时，$C_{损益}$ 可以作为评价各种方案对市场适用性的一个指标。

依据上述原则，对 A 省、D 省进行分析，如图 3-10、图 3-11、图 3-12 所示。根据设计原则可以看出，随着百分比 δ 增加，四种方案的度电收入呈快速下降趋势，度电损益均向小于零的方向发展。以绝对水平来说，无论是哪种方案，在单独应对短时尖峰的情况下，从系统成本的角度来看，经济性都较差。对 A 省、D 省来说，为应对 5%最大用电负荷需求，尖峰度电成本均大于 10 元/千瓦时。同时，随着尖峰攀升、持续时间降低趋势显现，如 A 省 5%最大用电负荷需求与 D 省 4%最大用电负荷水平相当，但在相同用电负荷下，D 省年持续时间仅为 A 省的一半。经计算，在此水平下，D 省尖峰度电成本将不低于 15 元/千瓦时。另外，从度电损益指标的变化速度来看，随着尖峰的持续攀高，善于利用价差获利的高效设备，如独立储能，在应对尖峰应用的场景中，更具备优势，而煤电、燃机受到燃料价格约束稍次，抽水蓄能在总成本、转换效率的综合影响下，适应性不佳。

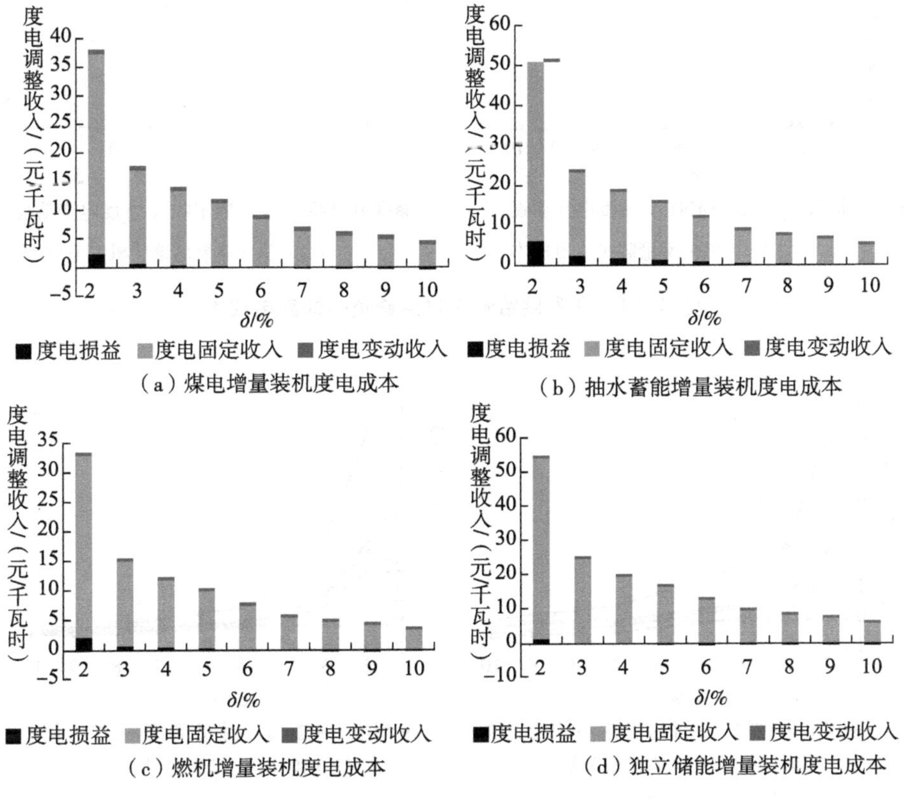

图 3-10　A 省供给侧应对尖峰负荷的度电成本

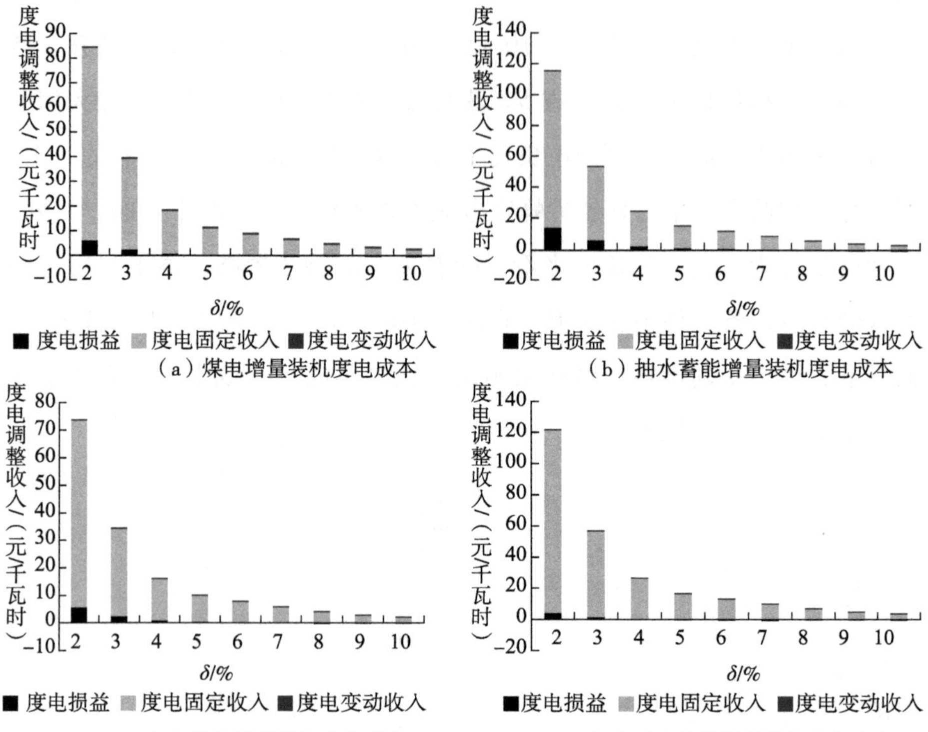

（a）煤电增量装机度电成本

（b）抽水蓄能增量装机度电成本

（c）燃机增量装机度电成本

（d）独立储能增量装机度电成本

图 3-11　D 省供给侧应对尖峰负荷的度电成本

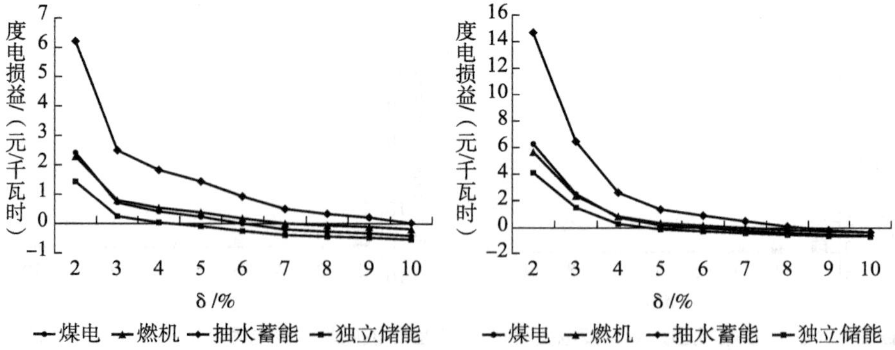

（a）度电损益A省增量装机

（b）度电损益D省增量装机

图 3-12　A、D 省供给侧应对尖峰负荷的度电损益

从上述分析可知，尽管从供给侧应对系统负荷尖峰成熟可行，但是随着用电尖峰不断拔高、持续时间缩短，对尖峰用电系统度电成本的增加仍不容小觑。近年来，尖峰用电主要来源于各类型的降温和采暖设备用电，考虑到这部分用电中涉及的非经营主体用户并非少数，从我国电力市场设计的原则来看，应对尖峰负荷的增量成本将有相当规模通过全部经营性主体进行分摊。

（2）需求侧应对尖峰负荷的成本考虑

为评估不同方案的经济适应性，首先应考察相应省份各行业部门的用电价值。以价值型投入产出表为基础，各行业部门用电的电力价值由该部门每增加一单位的电量消耗带来的直接电力价值和间接电力价值两部分组成，即：

$$V_{dj}=\frac{N_j}{G_{kj}} \tag{3-10}$$

$$V_{ij}=b_j\left(a_{jk}X_k/G_k\right) \tag{3-11}$$

$$a_{jk}=X_{jk}/X_k \tag{3-12}$$

$$b_j=N_j/X_j \tag{3-13}$$

$$V_j=V_{dj}+V_{ij} \tag{3-14}$$

式中，V_{dj}是j部门的直接电力价值，V_{ij}是j部门的间接电力价值，V_j是j部门用电的电力价值。a_{jk}是每生产单位数量的第k部门产品所需的第j部门的产品数量，即直接消耗系数。X_{jk}是中间消耗，表示第k部门在生产过程中消耗的第j部门的产品价值，由投入产出表提供。X_k、X_j为对应部门的总产值。此处，k部门表示电力部门。N_j表示j部门的增加值。G_k为电力部门的总产量。b_j表征j部门的增加率。

根据《中国地区投入产出表—2017》中 A 省、D 省的基础数据，参考《中国能源统计年鉴》中 A 省、D 省的用电量数据，对 A 省、D 省典型行业的 2017 年电力失负荷价值进行测算；由于目前国家统计局仅出版了 2017 年的地区投入产出表，考虑直接消耗系数变化对电力失负荷价值影响程度有限，本书以2017年直接消耗系数，依据国家统计局发布的A省、D省行业增加值以及A省、D省用电量数据，预估2021年电力失负荷价值，结果如表3-6所示。

表3-6 A省、D省典型行业电力失负荷价值

省份	行业类型	行业增加值（亿元）		行业用电量（亿千瓦时）		直接消耗系数（2017年）	电力失负荷价值（元/千瓦时）	
		2017年	2021年	2017年	2021年		2017年（投入产出标计算）	2021年（预估）
A省	农林渔牧	5114	6450	110	142	0.002018	46.47	45.31
	工业	28705	26894	4150	5586	0.017760	6.92	4.82
	建筑	4276	6068	45	75	0.006498	93.56	81.16
	批发零售	9283	11537	103	159	0.002788	89.83	72.52
	交通仓储和邮政	3304	4345	100	154	0.002507	32.98	28.16
	住宿餐饮	1665	1283	36	51	0.007772	45.33	25.14
	金融	3652	4857	9	10	0.003114	386.69	492.81
	房地产	3091	4588	52	70	0.006874	59.83	64.97
D省	农林渔牧	3713	5151	99	158	0.007751	37.16	32.63
	工业	34058	45510	3815	4633	0.039170	8.94	9.83
	建筑	2806	5168	68	113	0.025690	40.75	45.69
	批发零售	7918	12102	229	382	0.007977	34.64	31.66
	交通仓储和邮政	3578	4054	109	163	0.032910	32.71	24.88
	住宿餐饮	1647	1852	104	139	0.031420	15.78	13.38
	金融	6853	10937	20	23	0.003984	344.77	478.22
	房地产	7636	11043	75	120	0.036470	101.70	91.48

资料来源：笔者依据现值计算。

为应对尖峰负荷产生的增量成本，原则上不应高于典型行业的电力失负荷价值。从表3-6可以看出，A省、D省的工业、住宿餐饮、交通仓储和邮政等行业往往存在需要在尖峰时段用电的需求，特别是对于住宿和餐饮来说，存在部分刚性需求，仅从供给侧应对，按照承受最大负荷 3%~5%的尖峰用电增量成本考虑，上述行业可能不易接受。据实地调研，为应对尖峰用电，A 省、D 省积极实施了需求响应的削峰应用，参与主体为工业用户和部分商业用户，均采用比较常见的设定限价、需求空间并集中竞争出清模式，历史最大响应价格约为 3.5 元/千瓦时，部分需求响应品种针对容量提供固定补偿，已在 A 省、D 省形成约占当地最大用电负荷 5%的需求响应资源库，综合响应价格仍低于典型行业的电力失负荷价值，具有较好的经济性。

2. 应对可再生电力消纳需求

随着可再生能源比例在电力系统中的逐渐提升，间歇性电力供应过剩逐渐成为电力系统管理的一个重点关注问题。针对这一问题，多个省份开始探索实施填谷需求响应策略，以优化可再生能源的消纳并提高系统运行的经济性和稳定性。这些策略包括固定电量价格、固定容量价格、设定上限的集中竞价、参考现货日前出清价等多样化的定价机制。

在填谷需求响应成本考量的过程中，以下两点是较为关键的因素。

（1）间歇性过剩可再生电力的经济消纳

通过实施峰谷电价和合理划分峰谷时段，可以有效引导终端用户在可再生能源供应充足的时段增加电力消费，从而缓解系统的供需矛盾。例如，随着分布式光伏装机容量的快速增长，通过设置午间的低谷电价，可以有效促进用电主体在光伏发电高峰期间增加电力使用，进而促进光伏电力的更高效消纳。需求响应直接将供需变化的信号传递至需求端，比传统利用火电机组进行调峰的策略具有更高的经济性和时效性。

（2）考虑到降低系统运行成本的需求

随着可再生电力比例的增加，常规调节型电源（如煤电、气电等）的启停频次也随之增加。特别是在可再生电力供应过剩和用电需求低谷同时出现的时段，如双休日和节假日等，这些机组很容易由于运行负荷过低而停机。从经济角度来看，对于一个60万千瓦规模的煤电机组，冷态启动成本约为60万元，温态启动成本约为48万元，热态启动成本约为36万元。从系统安全和响应速度的角度考虑，煤电机组的低负荷运行将显著影响电力系统的快速响应能力和可靠性。因此，通过实施需求响应填补电力需求低谷，可以显著降低成本。以江苏为例，其实施的填谷响应标准为1元/千瓦，这仅是热态启动成本的约1/3，能有效避免大型煤电机组的停运，并显著提升系统的整体可靠性和经济性。

填谷需求响应通常在电力系统的用电低谷时段实施，通过提供经济激励，引导用户在这些时段增加电力消费。这种策略的核心在于，利用经济手段激发用户的用电积极性，从而帮助平衡电网负荷并优化可再生能源的利用。与削峰需求响应相比，填谷需求响应的用户实施成本通常较低，操作难度也较小，因为，它要求用户在电力供应充足且成本较低的时段增加用电，本质上是更易接受和实施的行为。

例如，山东在填谷需求响应实施过程中，采用了参考响应时段的现货日前出清价格设定补偿资金的策略。这种策略的设计旨在通过市场化手段激励用户在电力需求低谷时段增加用电，从而帮助平衡电网负荷并优化电力资源的配置。具体到补偿资金的来源方面，山东的填谷需求响应策略采取了多方分摊的方法，包括来自可再生电力，如风电、太阳能，调峰火电、核电的贡献。此举的理由在于，各类电力生产者都在一定程度上受益于电力系统负荷的更平衡和可预测性改善。例如，可再生电力通过减少由供应过剩导致的弃电现象得到更高的电力消纳率，而调峰火电和核电则因为减少了频繁调节带来的成本与磨损获益。此外，通过引入现货市场机制，该策略能够更精确地反映电力供需实际情况，提高价格信号的透明度和反应速度，进而激励用户根据价格变动做出相应的用电调整。这种市场化的激励机制不仅提高了填谷需求响应的效率，也促进了电力市场整体的经济性和稳定性。

但是，实施填谷需求响应产生的激励导致低谷时段用电量相对增长，而且目前填谷需求响应的需求仍主要由电网运行机构依据系统运行需要决定并组织开展。在假设供给能力不变的情况下，参与响应的主体按照现货出清价格进行补偿，可能造成现货市场中相应时段用电价格的上涨，对部分用电主体形成额外的增量成本。

某省在现货连续运行期间是否实施填谷需求响应的日前市场交易差异如图 3-13、图 3-14 所示。在未实施填谷需求响应时，对于参与和不参与需求响应的两类主体，均在日前市场正常申报用电需求，$Q_{不参与}$、$Q_{参与}$均为两类主体申报的交易电量，$P_{不参与}$、$P_{参与}$均为两类主体申报的交易价格，Q_1、P_1为日前市场边际出清的交易电量和价格。在系统运行需要启动填谷需求响应时，可再生能源供给过剩，可能出现时段性交易价格为负或系统负备用严重不足，电力系统运行机构发布填谷需求响应负荷，并要求参与需求响应的主体参加。不参与填谷需求响应的主体申报状态与参数不变。参与填谷需求响应的主体则需要按两个类别分别交易：参与填谷需求响应的主体需要根据参与填谷需求响应时段的历史用电负荷确定基线负荷$Q_{基线}$，$Q_{基线}$正常参与日前市场交易，为方便分析，此处假设启动填谷需求响应前后，$Q_{参与}=Q_{基线}$，$P_{参与}=P_{基线}$；基线负荷以外的增量负荷为填谷需求响应负荷$Q_{响应}$，此类负荷可认为参与市场交易，但需求响应的发起方源自电力系统运行机构并需要保证优先执行，因此，通常将此类主体处理为价格接受者。Q_2、P_2为实施填谷需求响应后日前市场边际出清的交易电量和价格。P_{max}、P_{min}为市场的限价。

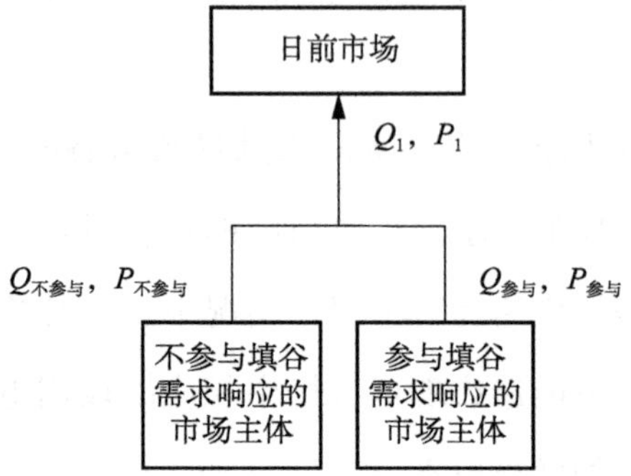

图 3-13　某省未实施填谷需求响应的日前市场交易

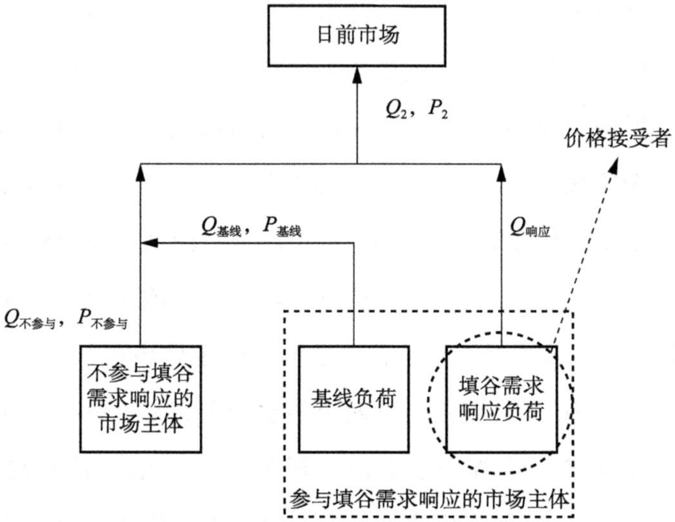

图 3-14　某省实施填谷需求响应后的日前市场交易

某省实施填谷需求响应前后的价格变化情况如图 3-15 所示。由图 3-15 可以看出，受到填谷需求响应的影响，边际出清价格将由 P_1 提高至 P_2，造成全经营主体在此时段的用电价格上涨。按照不同市场规则，参与响应主体可以由其他途径获得收益以弥补电价上涨的损失，如山东可参考日前出清价通过可再生能源、核电、火电等获得补偿，山西可按照中长期和日前的价差获得补偿。但是，造成价格上涨的填谷响应量取决于系统运营方预设的启动条件、物理约束和人为判断等因素；同时，填谷需求响应的准入存在一定门槛，因此，不参与填谷需求响应的主体用电变相成了价格的接受者，在一定程度上干扰这部分主体的交易结果。

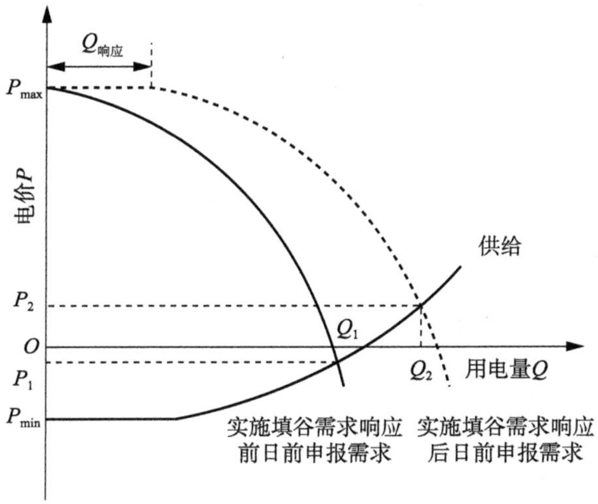

图 3-15　某省实施填谷需求响应前后的价格变化情况

第四章

需求侧资源参与电力市场交易模式研究

随着我国电力市场建设加速推进，电力市场的基本架构初步形成，并通过不同市场中产生的差异化价格信号，引导需求侧资源参与电力系统的规划与运行。需求侧资源与电力市场的协同互动形式已不再局限于峰谷电价和需求响应，而是在多元维度中，直接或间接与电力市场耦合运行，并取得一定成效。

本章将基于我国电力市场化改革进展的梳理，论述需求侧资源在不同市场中与市场融合发展的模式。同时，结合当前需求侧资源与我国主要市场融合存在的问题，提出初步解决方案。

一、我国电力市场化改革的进展

自 2015 年新一轮电力体制改革正式启动至今，电力市场建设、电价改革、交易机构规范运行、售电侧改革、电力科学监管等各项重点任务均有序落地落实，我国多层次电力市场体系建设有序推进，多元主体竞争格局初步形成，电力的商品属性进一步显现，电力市场化改革取得重大进展，电力行业运行效率和资源配置效率不断提升。

（一）电力市场化程度显著提高

交易主体日益多元，市场活力持续迸发。我国发用电计划的放开是新一轮电力体制改革的重要组成部分，对激发市场活力和扩大交易主体范围具有重要意义。从 2017 年“逐年减少既有燃煤发电企业计划电量”，到

2018 年“全面放开煤炭、钢铁、有色、建材四大行业用户发用电计划”，再到 2019 年“经营性电力用户的发用电计划原则上全部放开”，电力交易主体的类型不断丰富，电力资源配置由传统计划模式向市场模式加快转变。截至 2023 年底，在交易机构注册的主体数量达到 70.8 万家，涵盖发电企业、电力用户、售电公司、电网企业，以及分布式电源、负荷聚合商、储能和虚拟电厂等新型经营主体。

市场化交易规模持续扩大，交易电量不断上升。随着我国电力市场化改革不断深入，市场交易电量屡创历史新高，如图 4-1 所示。在新一轮电力体制改革之前的 2014 年，全国市场化交易电量仅为 3000 亿千瓦时，占全社会用电量比例仅为 5.4%。2023 年，全国电力市场交易电量达到 5.7 万亿千瓦时，同比增长 7.9%，占全社会用电量的 61.4%，相比 2014 年增长了 56 个百分点。市场机制在资源配置中的决定性作用显现无遗。

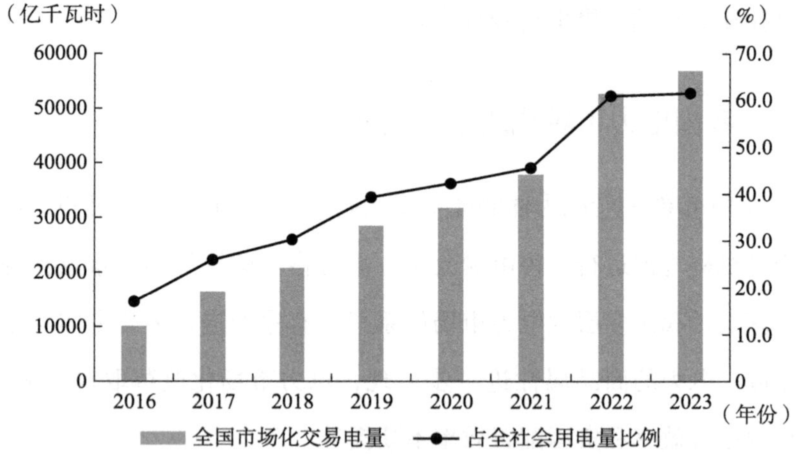

图 4-1　全国市场化交易电量规模及占全社会用电量比例

资料来源：中国电力企业联合会。

（二）输配电价改革取得实质性进展

我国构建了覆盖区域电网、省级电网、地方电网和增量配电网等的独立输配电价体系。“单独核定输配电价”是新一轮电力体制改革的首要任务，也是放开竞争性业务的必要前提。省级输配电价改革于2014年在深圳和蒙西地区试点破冰，并于2017年实现了省级电网输配电价改革的全面覆盖。目前，这一改革已进入第三轮监管周期，实现了按照“准许成本+合理收益”直接核定省级电网输配电价的目标。此外，改革改变了过去在同一电压等级下不同用户类型之间的价格差异和交叉补贴问题，通过分电压等级而不分用户类型的方式核定输配电价，缩小了一般工商业用户和大工业用户之间的价差，从而提升了电价体系的公平性和透明度。

（三）全面推进电力市场体系建设

我国已构建起“电力中长期市场+电力现货市场+电力辅助服务市场”的电力市场经营主体架构，如图4-2所示。该主体架构包括以电力中长期市场保障电力供应基本盘、以电力现货市场发现价格、以电力辅助服务市场维护电力系统安全稳定运行的多层次电力市场结构。电力中长期交易已在全国范围内常态化运行，成为市场化交易的主体，已形成年度、月度、月内等多周期交易体系，中长期交易电量占市场化电量的比例超过90%，在电力市场中发挥了重要的保供稳价作用。同时，电力现货市场建设也在加快推进。自2017年起，电力现货市场试点在南方（从广东起步）、蒙西、浙江、山西、山东、福建、四川、甘肃等8个地区展开，目前已进行两批共14个现货市场试点，其中，山西、广东、山东和甘肃的电力现货市场已转入正式运行。2022年，启动省间电力现货市场结算试运行；2023年12月，南方区域电力现货市场首次实现全区域结算试运行，进一步推动了跨区跨省电力现货交易的发展。此外，电力辅助服务市场基本形成了统一的市场规则，实现了对六大区域和33个省级电网的全覆盖，从而有效维护了电力系统的安全稳定运行。

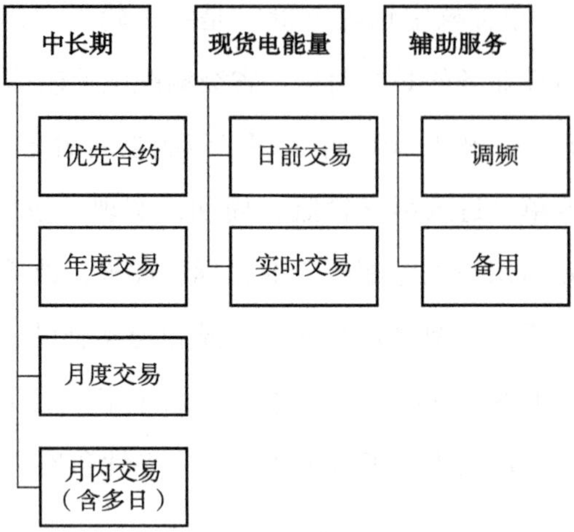

图 4-2　我国电力市场经营主体架构

省内、省间两级市场架构已基本建立。2022 年，国家发展改革委和国家能源局联合发布《关于加快建设全国统一电力市场体系的指导意见》，明确了省内市场和省间市场的功能定位。省内市场主要起基础性作用，确保省内电力的基本平衡和资源优化配置；省间市场则负责跨省区电力中长期交易以及调频、备用等辅助服务交易，从而优化区域电力资源配置。跨省跨区电力交易对于破除省间壁垒、实现电力资源的大范围优化配置和余缺互济具有重要意义。2022 年，跨省跨区市场化交易电量首次超过 1 万亿千瓦时，进一步增强了市场在电力优化配置中的作用。

（四）竞争性环节电价有序放开

发电侧上网电价市场化改革取得了显著进展。目前，燃煤发电电量原则上全部进入电力市场，通过市场交易在“基准价+上下浮动”范围内形成上网电价。此外，发电侧容量电价机制的建立，突破性地将煤电的单一电量电价调整为“两部制”电价，为适应新能源的快速发展并充分发挥煤电的基础性支撑调节作用奠定了基础。随着风电、光伏发电等新能源装机规模迅速增长，各地积极鼓励新能源参与电力市场化交易，交易比例不断提高。2023 年，新能源市场化交易电量达到 6845 亿千瓦时，占新能源总发电量的 47.3%。

用户侧全面放开工商业用户用电价格。2021 年，我国正式取消工商业目录销售电价，工商业用户改为按市场价格购电。目前，工商业电价由市场化上网电价、上网环节线损费用、输配电价、系统运行费用及政府性基金和附加费用组成。为稳妥有序地推动工商业用户全面进入电力市场，我国引入电网企业代理购电机制，帮助用户从“计划电”向“市场电”平稳过渡。随着电力市场建设和发展进程的加速，电网企业代理购电范围逐渐缩小，推动更多工商业用户直接参与电力市场交易。

（五）配售电改革稳妥推进

增量配电业务改革试点工作逐步摸索推进。增量配电业务改革涉及电网企业、发电企业和电力用户等多主体，以及配电网的投资、建设和运营等多个环节；还涉及国资国企改革、电力普遍服务和保底供电服务等多个方面，具有高度的复杂性和专业性。自 2016 年以来，国家发展改革委和国家能源局组织开展了 5 批次共 459 个试点项目。截至 2023 年底，已有 329 个试点完成规划编制，359 个试点完成业主优选，256 个试点确定供电范围，227 个试点取得电力业务许可证（供电类）。

售电市场蓬勃发展。售电公司作为新一轮电力体制改革引入的新兴主体，推动形成了售电侧有效竞争的市场格局。国家和地方层面陆续出台了售电公司管理相关政策，规范了售电公司的准入与退出、业务范围和市场化交易方式等重点内容。经过多年的发展，售电公司数量和规模快速增长，目前，在电力交易机构注册的售电公司已超过 5000 家，成为多元主体竞争格局中的重要力量。同时，作为联结发电侧与用户侧的纽带，售电公司不断创新和拓展业务边界。从最初通过购售电价差获取收益，逐步向“售电+”模式转型。一方面，不断丰富零售套餐种类，以用户需求为导向，为不同负荷特性的电力用户提供个性化零售套餐；另一方面，发挥用户侧资源优势，开展负荷聚合和综合能源管理等增值服务，为用户提供节能服务、能效分析和用能管理等多元化业务。

（六）绿电、绿证需求更加活跃

从绿电交易方面来看，绿电市场在全国范围内快速扩展，并吸引了各类经营主体的积极参与。2023年，根据中国电力企业联合会统计数据，2023年全国电力市场的绿电交易电量达到695.3亿千瓦时，同比增长284.2%，占全国市场交易电量的比重为1.2%，绿电的绿色环境价值平均为23.4元/兆瓦时，已达成的多年期绿电合约最长为5年。从购买区域来看，绿电交易已覆盖全国（不含港澳台）30个地区，仅剩西藏、蒙西和海南3个地区未开展绿电交易。其中，冀北地区交易电量最大，达196.5亿千瓦时，占成交电量的28.3%；云南地区交易电量最小，为0.1亿千瓦时。从经营主体来看，科技巨头、重工业企业、车企和先进制造商在绿电市场中最为活跃。2023年，绿电交易买方前五位的电量分别为16.1亿千瓦时、9.0亿千瓦时、6.5亿千瓦时、5.6亿千瓦时和5.3亿千瓦时。

从绿证交易方面来看，我国绿证交易市场快速扩展，并吸引了多元化的经营主体积极参与。根据中国电力企业联合会统计数据，2023年全国电力市场绿证交易量达到2548.9万张，是上年交易量的15.6倍，占全国同期绿证交易总量的70.1%。其中，北京电力交易中心绿证交易平台单日最大交易量为568万张，成交金额超过1.1亿元，创下我国绿证交易单日交易量新高。已达成的绿证交易长期合作协议最长为7年。从购买区域来看，全国32个地区（不含港澳台，除西藏外）均有购买绿证，其中，青海、新疆和河北购买量最大，分别为1308.9万张、215.3万张和95.8万张。从经营主体来看，超过600家经营主体参与了绿证交易，其中，3家经营主体交易量超过100万张，8家经营主体超过50万张，13家经营主体超过20万张，22家经营主体超过10万张。

（七）交易机构规范运行

为构建主体多元、竞争有序的电力交易格局，我国积极推动建立相对独立的电力交易机构。自 2015 年以来，国家和省级层面相继出台了一系列政策与方案，包括电力交易中心组建方案和电力市场管理委员会组建方案。这些文件明确了电力交易中心和市场管理委员会的定位、主要职责及运作机制。

目前，全国已建立了北京和广州两个区域电力交易中心，以及 32 个省级电力交易中心。这些交易中心作为相对独立的实体，提供了一个公平规范的市场交易平台，有效促进了电力资源的优化配置。随着电力市场化改革的深入推进，电力交易机构的角色和作用将更加重要，为实现电力市场的公开、公平和高效运行奠定了坚实基础。这一系列举措不仅优化了电力资源配置，还为新能源的发展提供了有力支持，进一步推动了我国能源结构的优化和可持续发展。

（八）电力监管体系逐步完善

电力监管体系主要包括电力价格监管、电力市场秩序监管等多个方面。电力价格监管日渐完善，其中，电网输配电成本监审是垄断环节价格监管的重点。随着新型电力系统建设加快推进，电网结构形态日趋复杂，输配电价成本监审难度不断增加，根据输配电价成本监审实践，国家层面不断调整细化审核方法，提高成本监审的科学性、规范性。电力市场秩序监管持续加强。近年来，国家能源局定期开展电力中长期交易、跨省跨区电力交易等市场秩序专项监管工作，特别是，2023 年在全国开展了电力市场化交易不当干预专项整治，针对干预电力市场准入行为、干预电力市场交易组织行为、干预电力市场价格行为等进行重点治理，着力打破地方保护和市场分割。

二、我国需求侧资源参与电力市场的主要方式

我国需求侧资源一般有狭义和广义两种理解。从狭义来说，一般以电

力用户用于电量计量和结算的关口表计作为界面，关口表计以内电力用户具有所有权和使用权的各类电力资源，如各类用电设备、工商业和户用分布式电源、充电桩、用户侧储能等，均认为是需求侧资源。从广义来说，随着新型电力系统建设加速以及新一代信息通信技术发展，负荷聚合商、虚拟电厂运营商等能源服务商不仅能对狭义的需求侧资源进行聚合并响应电力系统的供需信号，还能根据配电网系统的运行需求对布局在配电网层面、不与主干电网直接交互并发生调度关系的台区储能、分布式电源等实现资源调控，此类分布在配电网层面的资源可以理解为广义的需求侧资源。

从我国的实践来看，对于不同含义的需求侧资源，参与电力市场的具体方式，特别是经营主体形式、执行价格机制、参与市场类型存在显著差异。同时，随着我国电力市场化建设的加速推进，不同含义的需求侧资源与我国电力市场融合的形式也将存在差异。以下将分别对经营主体形式、执行价格机制和参与市场类型三个典型要素进行研究讨论。

（一）经营主体形式

从狭义的需求侧资源来说，各类电力资源位于关口表计之后，虽然各类电力资源的需求调整会影响电力用户的用电量，但这些电力资源不会与电网直接交互并发生结算关系，其电能量交互与电费结算关系均在电力用户内部开展，如图 4-3 所示。因此，对于狭义的需求侧资源来说，如果作为交易主体单独参与市场，就会不可避免地影响电力用户在电力市场中的购电量和电费金额。考虑各类电力资源存在多元投资主体的可能性，在实际操作中一般采取以下两种方案：一是忽视资源类型，仅将电力用户视作可参与市场的个体，电力用户可独立或由能源服务商代理聚合后参与电力市场；二是将电力用户视作可参与市场个体的同时，拟参与市场交易的资源通过能源服务商聚合后参与相应的市场化交易，在电力市场交易开展时将需求侧资源交易结果作为出清的前置条件告知电力用户或相关售电公司。

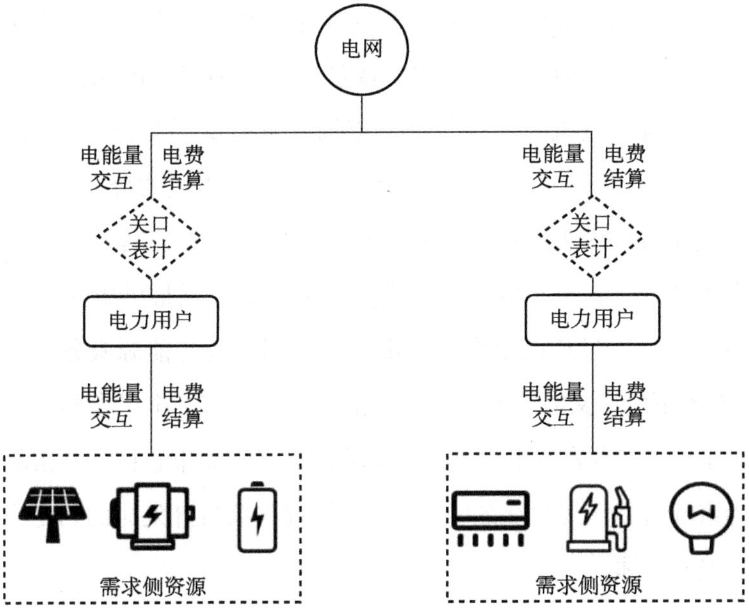

图 4-3 狭义需求侧资源示意

从广义的需求侧资源来说，除了用户关口表计后的电力资源，近年来，大量分布式光伏、独立储能电站等具备发电属性的电力资源通过 110 千伏及以下的配电网接入电力系统，部分资源甚至通过 35 千伏以下的低压配网台区接入，如图 4-4 所示。此类资源普遍具有独立计量的关口表计，可以与电网开展电量交互和电费结算，并不属于狭义的需求侧资源。但是，我国省级电力市场的经营主体，除用户和售电公司外，发电主体普遍通过 220 千伏及以上主干电网接入电力系统，并接受省级及以上调度机构统一调度。对于具备发电属性、通过配网接入系统的电力资源，从电力消费的物理属性来看，此类电力资源更加贴近电力用户，大部分电量在配网层面消费，个别区域存在返送至高电压等级的情况；从数量规模来看，相较于统调电厂平均几十家到几百家的数量，此类电力资源数量多达数千家甚至更多；从体量规模来看，除个别项目的发电容量达到百兆瓦容量级别外，大多数项目的并网容量为数十千瓦至一兆瓦不等。上述特点决定了，尽管个别电力市场允许达到一定并网容量规模的电力资源入市交易，但是从电力实际的消费流向、交易主体的数量以及交易组织的频次来看，将其定义为一个传统发电机组在现行电力市场中进行交易仍然存在较大困难。因此，从我国的实际操作来看，除个别达到一定体量的分布式光伏电站、独立储能电站可以作为经营主体参与电力市场交易外，其余电力资源通常采取以下方式处理：一是按照目前我国省级调度并网最低电压等级 220 千伏为区域划分，通过负荷聚合商、虚拟电厂运营商等能源服务商将每一个 220 千伏节点下的广义需求侧资源进行聚合，形成若干个可参与电力市场的新型经营主体，参与常规电力市场的交易；二是将尚未直接参与市场的电力资源作为市场边界，其电量交互、结算价格仅与项目开发时的约定有关，不作为市场经营主体。

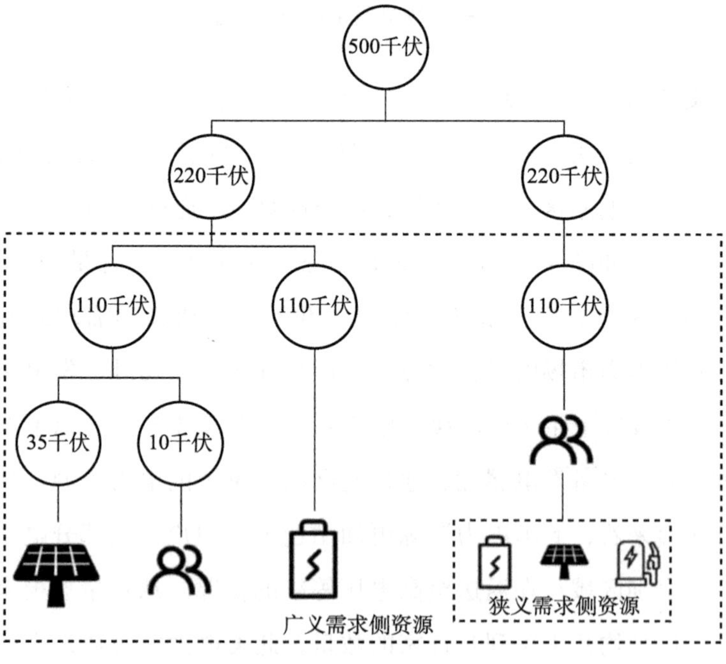

图 4-4　广义需求侧资源示意

注：广义需求侧资源不包括涉及的配电网资产。

（二）执行价格机制

两种类型需求侧资源参与市场的价格机制如图 4-5 所示。

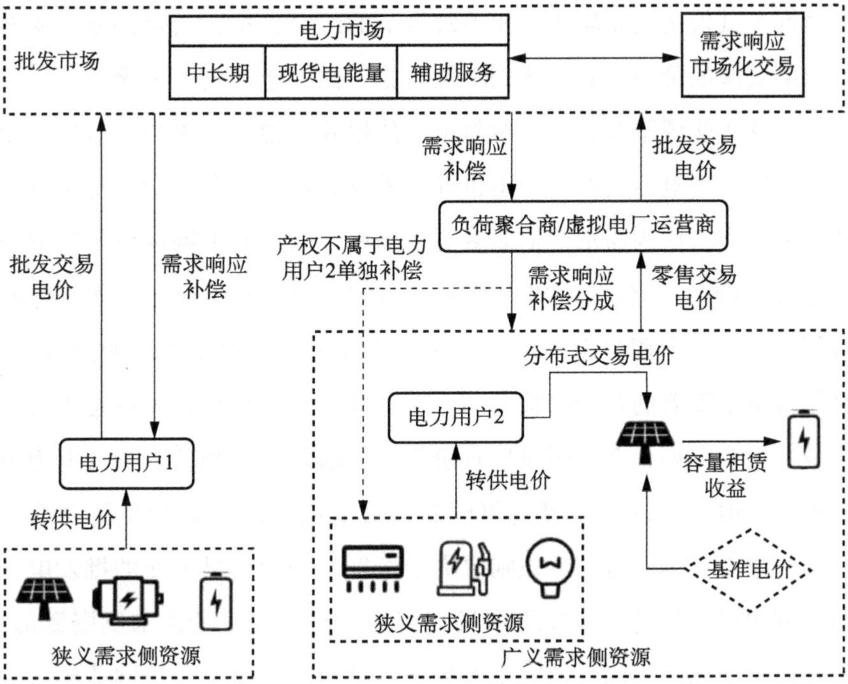

图 4-5　需求侧资源参与市场的价格机制

从狭义的需求侧资源来说，采取不同经营主体参与电力市场的方案，其价格形成机制不尽相同。对于仅将电力用户视作经营主体参与市场的方案来说，电力用户关口表计后的所有资源主体均不与电力市场发生直接关系。因此，此类资源执行的价格机制取决于与该电力用户签署的转供电协议或电力自发自用协议，与电力市场的价格机制无必然关联。对于由能源服务商将需求侧资源聚合后参与市场的方案来说，尽管此类资源的用电或供电价格仍取决于转供电协议或电力自发自用协议，但是需求侧资源通过能源服务商代理参与响应市场，因此，需求侧资源可依据参与相关批发市场的市场化收益，由能源服务商获得经济补偿，经济补偿的价格机制取决于能源服务商与需求侧资源持有方签署的服务合约。

从广义的需求侧资源来说，由于存在相关需求侧资源不参与市场化交易的情况，其价格机制均执行相关政策下的约定价格，其余部分均遵循狭义需求侧资源的价格机制，此处不做讨论。而对于通过负荷聚合商、虚拟电厂运营商等能源服务商聚合参与市场的模式来说，由于我国对带有发电属性的不同类型电力资源的政策也存在差异，需要区分讨论。对于分布式光伏部分，当未作为需求侧资源参与市场协同时，其上网电价仍依据当地基准电价执行①；当作为需求侧资源参与市场协同时，分布式光伏电站依据能源服务商要求调整发电出力，并由能源服务商获得相应的经济补偿，该补偿取决于签署的负荷调整合约。对于独立储能部分，无论是否通过能源服务商聚合交易，在我国典型省份都可以通过容量租赁、参与电力市场获得收益，但需要注意，容量租赁的价格形成取决于容量租赁合约的签署，参与电力市场获得的收益则取决于批发市场中交易形成的批发电价峰谷差、调频里程收益、备用等市场化行为。对于狭义的需求侧资源部分，其价格机制与此前相同，但对于部分开展了分布式交易、源网荷储一体化试点的区域来说，原则上允许位于同一110千伏台区或35千伏台区的分布式光伏与电力用户之间通过交易促进分布式光伏消纳，其适用的输配电价收取原则暂按电力用户接入电压等级对应的省级电网公共网络输配电价（含政策性交叉补贴）扣减分布式电源市场化交易所涉最高电压等级的输配电价②。

（三）参与市场类型

无论是狭义需求侧资源，还是广义需求侧资源，在我国电力市场的设

① 截至2024年5月30日，针对分布式光伏的上网价格政策暂未做调整。

② 资料来源：《国家发展改革委 国家能源局关于开展分布式发电市场化交易试点的通知》（发改能源〔2017〕1901号）。

计中，除了非经营性主体，原则上都不限制参与市场的经营主体类型。但是，从具体的实践来讲，需求侧资源自身的负荷特性存在较大的差异，同时，不同资源接入电网的技术标准并不相同，因此，可参与市场的类型也不尽相同。

从负荷特性来说，典型行业用电在受到电价影响或其他形式经济激励的情况下，用电负荷调整的准备时间和经济可持续时间均存在较大的差异，如表 4-1 所示；从接入技术标准来看，典型工商业用户计量关口表计一般每 15 分钟进行一次数据采集和分时计量，2022 年推动实施的新型电力负荷管理系统建设改造，可实现对用电负荷分钟级的采集；独立储能、分布式光伏等通常具备秒级的数据采集和分时计量功能，部分虚拟电厂试点，如深圳虚拟电厂接入的核心需求侧资源也实现秒级的响应。

表 4-1 典型行业用电负荷特征

行业类型	负荷类别	响应准备时间	经济响应时长
电解铝	主要生产设备	小时级	<2 小时
	生产辅助设备	分钟级 （>30 分钟）	<2 小时
商业综合体	经营相关 （空调系统、 场所照明等）	分钟级 （>30 分钟）	<2 小时
交通 （电动）	公交车	分钟级 （<15 分钟）	<2 小时
	出租车		<1 小时
	私家车		<4 小时

注：交通类响应准备时间按照已处于充电状态考虑。

资料来源：课题组调研数据。

结合当前我国电力市场的架构，本书对不同市场分别进行论述。

1. 中长期市场

中长期市场主要用于锁定年度至多日级的电能量价格，对参与主体负荷特性和接入标准的要求较低，一般认为具备与电网之间独立表计计量的电力用户均可自主参与或通过能源服务商代理参与。需要注意的是，需求侧资源参与市场的目的往往是用于响应电力系统运行的供需形势，但中长期市场并不主要反映此类短时的变化，而在于形成相对稳定的零售峰谷分时价格，因此，对于狭义需求侧资源来说，参与中长期市场没有实际意义；对于广义需求侧资源中的配网侧资源来说，则是参与中长期市场的主要资源主体。

2. 现货电能量市场

现货电能量市场主要按照小时对日内的电能量进行交易，需求侧资源参与现货电能量市场，原则上应具备与电网之间可独立结算的分时表计，电表数据采集频次应满足15分钟一次。一般认为，绝大多数电力用户采取自主参与或者通过负荷聚合商、虚拟电厂运营商等参与。

3. 辅助服务市场

在辅助服务市场中，除参与近似于现货电能量交易的调峰辅助服务外，参与调频、备用、黑启动等辅助服务对资源接入的技术要求较高，资源本身需要具有快速响应的能力，资源与电力系统的接入标准应达到秒级。一般认为，独立并网的储能资源、分布式电源以及经改造后的电力用户表后资源可以满足需求。

4. 需求响应

需求响应作为一种市场化的需求侧资源调用手段，用于在现有零售电价体系下将实时的电力供需信号传递至终端，并使用电价以外的经济激励手段，引导需求侧对电力系统运行中灵活调节的需求进行响应。需求响应在国内的实践早于我国电力市场建设，虽然目前往往采用电力市场边界的形式与电力市场进行衔接，但是随着需求侧资源越发多样，其对市场的影响程度逐渐加深，推动需求响应与现有电力市场体系有机融合已迫在眉睫。

综上所述，需求侧资源可以多维度与市场进行融合。而从我国具体的实践来看，需求侧资源参与电力市场，已经从仅由电网营销/市场部门主导、针对主网和局部地区短时尖峰并称为“需求响应”的削峰品种，演化为由电网不同部门分别组织、具备不同功能的需求侧资源调用品种，所接入的需求侧资源的要求也越发差异化，如图 4-6 所示。

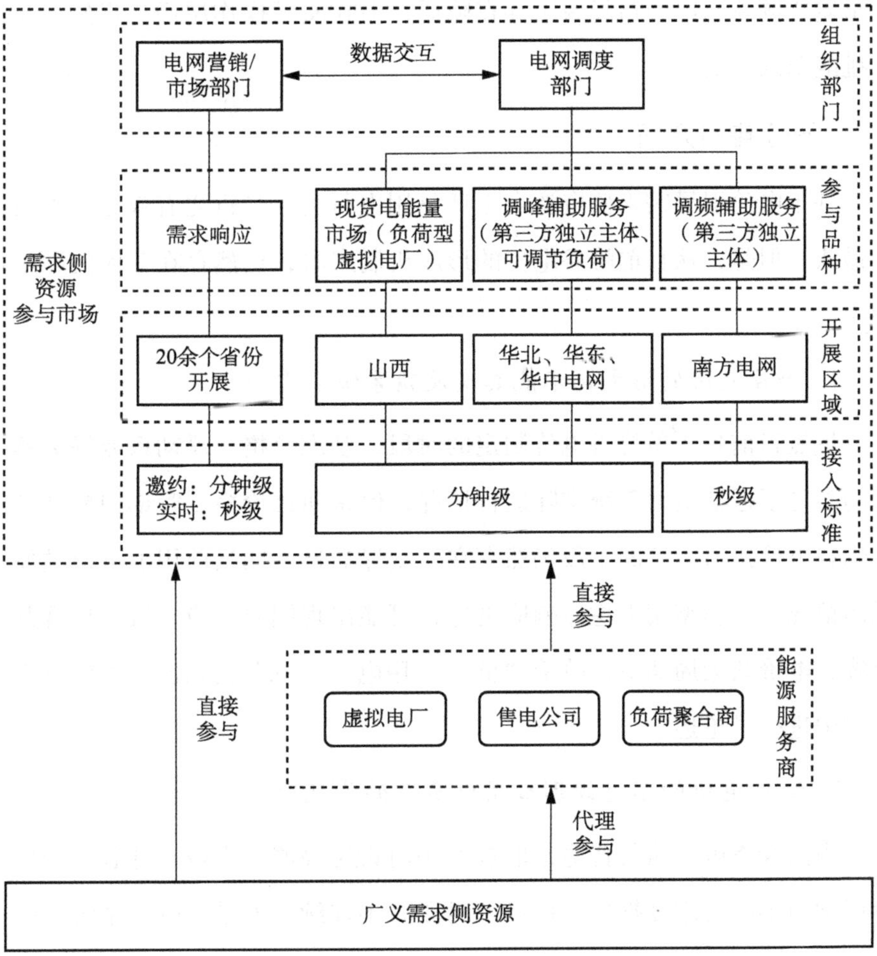

图 4-6　典型地区需求侧资源参与市场的品种与接入要求

三、我国需求侧资源与电力市场融合发展的挑战

综合前文分析可知，我国对需求侧资源参与电力市场进行了积极的实践，特别对于需求侧资源参与电力市场的三个典型要素，即经营主体形式、执行价格机制和参与市场类型开展了有效的探索。原则上，我国各类需求侧资源参与电力市场并不存在障碍，但在实际操作层面，仍然存在以下挑战亟须应对。

（一）电价方面

基于电价引导需求侧资源自主调整用电行为，是行之有效、成本较低的做法。但是，从目前峰谷电价的形成机制来看，仍然存在三大问题亟待解决。

1. 峰谷电价的形成仍不能真实反映系统供需

虽然目前各省份峰谷电价制定的时段、基准价格、浮动系数等关键要素均参考了近期电力系统实际运行情况，但是通过价格主管部门周期性制定峰谷电价执行政策的手段仍然存在一定滞后性，在当前用电负荷越发多元的情况下，新型用电主体响应迅速且可能出现同时响应，极易出现某一个峰谷电价政策周期下，政策“低谷”用电“尖峰”的情况，逻辑已在第三章中进行了论述。

2. 峰谷电价的不连续形成用电负荷的阶跃变化

当前峰谷电价执行普遍采取按照小时设定高峰、平段、低谷，个别省份探索向半小时维度推进，价格、时段并不连续。但是，电力系统是一个连续运行的系统，即便按照小时进行划分，从系统负荷的变化上也不容易出现非常显著的高峰、平段、低谷阶跃；即便是从现货运行省份日前出清价格来看，小时级的价格波动也不存在典型的阶跃，如图 4-7 所示。从实

践来看，由于峰谷电价是引导需求侧资源最直接的手段，不连续的价格形成机制会造成需求侧资源在价格政策调整的时点，如平段向低谷、平段向高峰甚至低谷向平段等时段，进行集中的用电行为调整，对系统运行造成显著冲击。如第三章中论证分析的 B 省“零点高峰”现象，就源自凌晨低谷电价时段电动汽车集中充电。

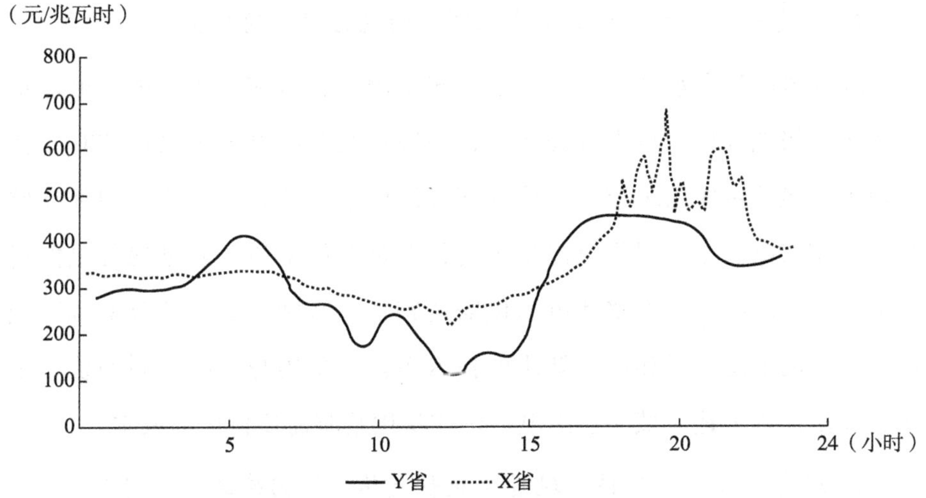

图 4-7　典型省份日前出清电价

资料来源：课题组调研数据。

3. 峰谷电价难以反映配网区域用电供需形势

当前，省级峰谷电价的主要参考是省级主干电网运行情况。近年来，随着广义需求侧资源中分布式电源、独立储能以及电动汽车等新型主体占比的快速提高，配网供需特征与主网供需特征脱节的趋势逐步显现，主网供应充足而配网部分区域重载甚至出现有序用电已屡见不鲜。因此，通过主网供需特征制定的峰谷电价难以对配网层面出现的供需紧张进行有效引导，形成越发明显的错配态势。

（二）现货电能量市场方面

通过现货电能量市场反映供需是一种行之有效的手段，但是目前现货电能量市场仍是一个典型的组织主干电网接入资源开展交易的市场，而需求侧资源大多分布于配网侧，因此，需求侧资源参与现货电能量市场仍然存在两大挑战。

1. 现货电能量市场无法反映配网层面电力供需的特征

综合考虑算力水平、管辖权限等多重因素，目前，我国现货电能量市场由省级调度机构负责管理运行，一般按照并网电压等级在 220 千伏及以上的经营主体组织交易。尽管部分区域允许接入配网的大型独立储能、分布式电源参与现货电能量市场，但是总体来说，通过现货电能量交易无法体现配网层面整体电力供需的特征，特别是对于部分重载区域缺乏足够的电源支撑和可供解决的技术手段，采用与主网相同的价格限价已无法体现上述区域为解决电力供应从供给侧需要付出的成本。

2. 现有需求响应品种与现货电能量交易衔接仍待进一步完善

目前，国内已普遍开展与现货电能量市场衔接的需求响应品种，主要包括由电网营销部门长期开展的需求响应，以及由电网调度部门开展的负荷型虚拟电厂。前者具有较好的开展基础，并重点针对区域配网存在重载的情况进行了较好的实践，但是普遍采用市场边界的形式与现货电能量交易进行衔接，价格水平普遍高于现货电能量限价水平，根据年度供需形势择机启动，未开展长周期连续运行。后者主要在山西电力现货市场中推广应用，具有随市场连续运行和协同出清的特点，但是采取负荷侧统一节点的处理方式，未对不同区域进行区分，无法反映区域配网供需特征。

（三）辅助服务市场方面

随着新型电力系统建设逐步推进，电能量价值呈现走低态势，辅助服务将是各类灵活性资源获取收益的主要渠道。需求侧资源作为重要的灵活性资源，随着辅助服务重要性的提升和内涵的持续迭代升级，在如何与辅助服务市场融合发展上仍存在两大挑战。

1. 适应辅助服务发展方向的硬件基础仍有待升级

目前，需求侧资源主要采取自主参与或聚合参与的模式，通过扮演辅助服务市场中第三方独立主体、可调节负荷等角色，参与各地区的调峰辅助服务市场。随着各地区辅助服务市场逐渐完善，特别是，伴随现货电能量市场运行的完善，主要体现电能量调节属性的调峰辅助服务逐渐被现货电能量交易取代。另外，在辅助服务市场中，爬坡、调频、备用等需求增加，对资源特性要求高以及接入标准较高，特别是对接入标准往往需要达到秒级，而目前众多需求侧资源的接入标准处于分钟级，难以满足需求。

2. 需求侧资源接入改造成本差异大

为实现需求侧资源有效参与辅助服务市场，即便仅按照分钟级进行组织聚合，还是需要在实际操作层面对目前的资源从平台到终端开展系统性、定制化的改造，部分需求侧资源改造成本高，经济性弱，如表 4-2 所示。

表 4-2　典型需求侧资源开发改造成本

用户属性	电压等级	行业	需求响应能力	数字化基础	改造成本/（元/千瓦）
大用户	35 千伏以上	化工、电子、光伏、精密机械	连续生产企业，潜力一般	企业能源管理系统	150
		高能耗和传统加工制造业	可中断或需求响应潜力巨大	企业能源管理系统	200
		拥有配网的园区	有意愿做需求侧管理	园区配网管理系统	100
		商业	可中断或需求响应	楼宇自动化系统	2000

续表

用户属性	电压等级	行业	需求响应能力	数字化基础	改造成本/（元/千瓦）
中等用户	6~10 千伏	工业	潜力一般，错峰	至少企业二级计量	300
	6~11 千伏	商业	需求响应，蓄冷蓄热	楼宇自动化系统	2300
	6~12 千伏	园区	潜力中等，园区均衡	园区配网管理系统	100
小用户	220~380 伏	居民	只有空调负荷，高度碎片化	智能家居空调控制	500

资料来源：课题组根据负荷聚合商、虚拟电厂运营商调研数据汇总。

（四）需求响应方面

需求响应是我国自 2013 年以来利用市场化手段推动需求侧资源与电力系统运行互动的有效实践。当前，伴随着电力市场的推进，各地持续调整需求响应的相关政策，不断丰富需求响应的内涵以及品种，但需要关注的是，需求响应仍普遍作为电力市场的边界与电力市场进行衔接，特别是，需求响应补偿普遍高于现货市场价格、实施需求响应对电力市场化交易造成的影响是否应该进行偏差考核等问题，在业界存在广泛争议。要解决上述争议，关于需求响应价值构成的关键问题亟须达成共识。

需求响应在我国的实践始于电力市场化仍未广泛推广的时期，其初衷在于在现货、辅助服务等市场尚不存在的情况下，解决电力系统运行中普遍存在的短时尖峰问题。近年来，各地现货、辅助服务等市场建设加快推进，需求响应的部分价值可以在相关电力市场中按照市场化手段实现。从度电维度来看，实施需求响应的价格远高于相应电力市场的最高限价。从需求响应在我国的实践来看，其度电包含的价值内涵应至少包含如图 4-8 所示内容，但其价值在相应的电力市场或环节未完全得到体现。因此，在相关市场或环节尚无法体现需求响应所实现的价值前，对需求响应价值的替代或分解仍存在困难。简单推动需求响应与当前电能量市场进行融合，可能造成相关功能发挥缺乏足够的价值支撑。

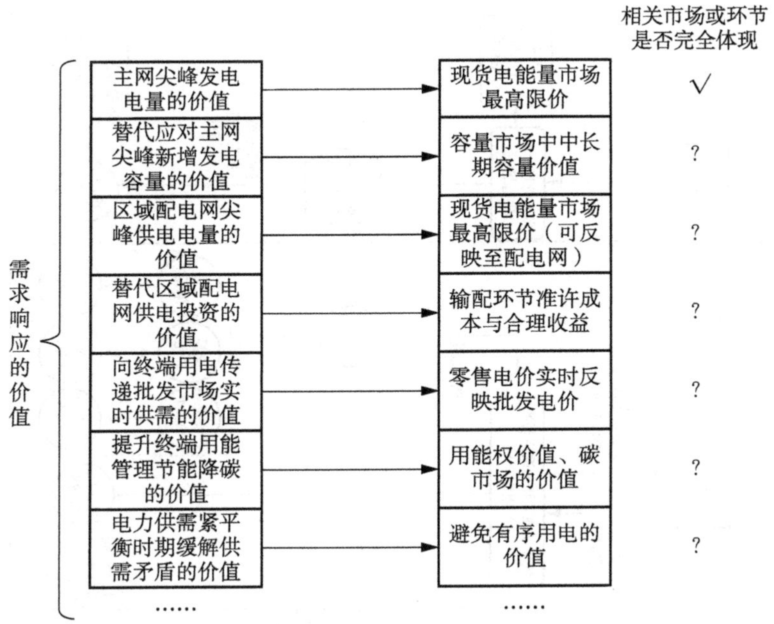

图 4-8　需求响应补偿价格中价值构成

四、我国需求侧资源与电力市场融合发展的初步构思

结合我国电力市场发展和需求侧资源参与电力市场的现状，针对目前我国需求侧资源与电力市场融合发展存在的挑战，提出如下初步考虑。

（一）近中期

从近中期来看，随着全国统一电力市场的加速推进，特别是新能源作为经营性主体入市交易，通过市场化手段形成的电价将更高频、更直接地向终端疏导，区域之间的供需特性差异将越发显著。但是，我国电力系统按照“国调—省调—市调”形成的调度体系不会在短期内发生大的改变，特别是对于省级现货市场来说，仍将主要由省级调度机构组织开展，省级现货市场节点电价向配电网延伸无法在短时间内大面积实现。

在此预设下，本书设计了近中期需求侧资源参与市场的架构，如图 4-9 所示。

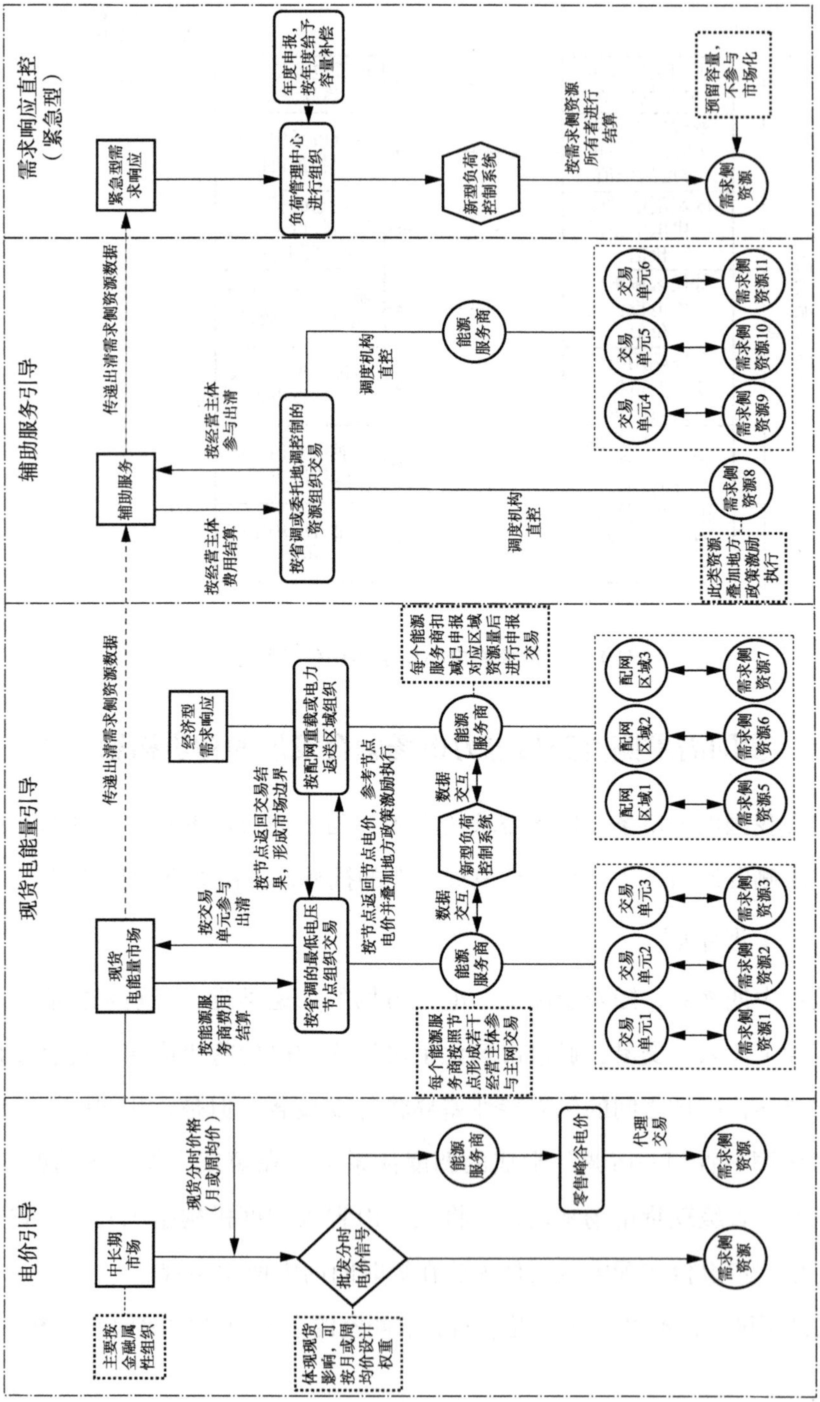

图4-9 需求侧资源参与市场的架构设计（近中期）

1. 通过电价进行引导

随着电力市场建设进一步成熟，根据中长期和现货形成的峰谷电价，可以更科学有效地引导需求侧资源自主调整，形成相对稳定、与系统供需匹配的用电行为。

2. 通过现货电能量进行引导

在电价引导的基础上，将需求响应中反映电能量的价值进行分解，对反映主网的电能量价值通过现货电能量市场进行实现，对反映配网的电能量价值通过设计经济型需求响应进行实现。在每一个交易日中，通过现货电能量市场和经济型需求响应将实时的电价信号传导至终端，并引导相应需求侧资源做出调整。由于配网层面的价值仍难以通过现货电能量进行完全反映，经济型需求响应在参考现货价格基础上叠加当地需求响应政策激励开展。随着需求侧资源构成的多元化和海量化，通过能源服务商代理参与交易成为主流，每个能源服务商按照节点形成若干经营主体开展电能量交易，同时，在经济型需求响应中，每个能源服务商扣减已申报对应区域资源量后进行申报交易。

3. 通过辅助服务进行引导

在现货电能量引导基础上，通过辅助服务再次引导需求侧资源进行调整。此类资源应与省级调度控制机构实现直连，并具备调度直控能力。对于不经过能源服务商聚合交易的需求侧资源，原则上可给予地方政策激励，并不参与现货电能量和辅助服务市场交易。

4. 需求响应直控

在辅助服务引导基础上，将需求响应价值构成中用于缓解电力供需矛盾的价值进行拆解，设计紧急型需求响应，通过紧急型需求响应的开展避免有序用电，由负荷管理中心直控操作，并按照年度进行竞标。此部分容量为预留容量，不参与前述各市场的竞价。

（二）中远期

从中远期来看，全国统一电力市场建设进一步成熟，各省份现货市场建设广泛运行。随着系统运算能力、调度体系持续优化，省级电力市场覆盖了所有配网区域，并具备了实现配网节点或区域电价的出清能力；同时，容量市场建设逐步完善，并通过中长期容量和紧急容量两类品种实现市场中各类资源主体锁定收益的需求。另外，需求响应的价值构成随着市场建设的成熟，逐步向电力市场各个环节进行分解。

在此预设下，本书设计了中远期需求侧资源参与市场的架构，如图4-10所示。

1. 容量价值锁定

预期容量市场将成为电力市场架构中的重要组成部分，并形成中长期容量和紧急容量两类交易品种，需求侧资源通过容量市场竞拍获取收益，并承担系统责任。

2. 通过电价进行引导

随着电力市场建设的进一步成熟，根据中长期市场和现货市场形成的峰谷电价，可以更科学有效地引导需求侧资源自主调整，形成相对稳定、与系统供需匹配的用电行为。在零售合约中，根据用户的意愿可完全传导批发市场实时价格。

3. 通过现货电能量进行引导

在电价引导的基础上，考虑现货电能量市场节点可覆盖配网主要电压等级，通过现货电能量市场将实时的电价信号传导至终端，并引导相应需求侧资源做出调整。每个能源服务商自选交易节点，形成若干经营主体参与主网交易。

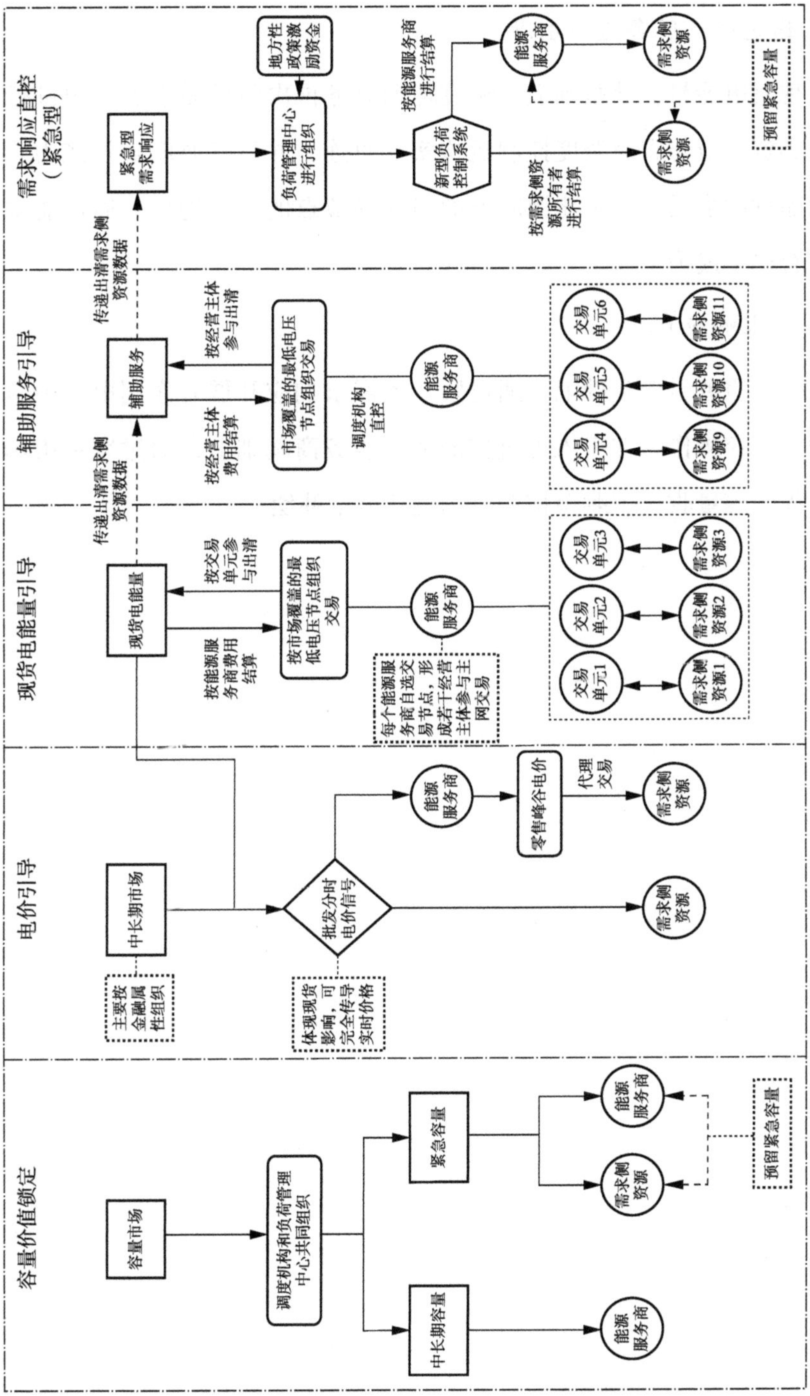

图4-10　需求侧资源参与与市场的架构设计（中远期）

4. 通过辅助服务进行引导

在现货电能量引导基础上，通过辅助服务再次引导需求侧资源进行调整。此类资源应与省级调度控制机构实现直连，并具备调度直控能力。由于资源品种的多元化以及能源服务商对交易节点的专业把控，通过能源服务商聚合交易成为主流。

5. 需求响应直控

在辅助服务引导基础上，通过紧急型需求响应开展有序用电，由负荷管理中心直控操作。在引入可直控的能源服务商基础上，通过容量市场获取部分固定容量收益，剩余按照合约进行电量补偿。

第五章

我国电力需求侧管理地方经验与典型案例研究

一、地方实践经验

随着我国电力需求侧管理政策体系逐渐完善，全国多地结合自身资源禀赋、产业结构、电力供需形势等，在需求响应、电能替代等方面开展了大量电力需求侧管理工作。

1. 完善需求响应支持政策

目前，全国已有20余个省份出台了需求响应实施方案，不断规范需求响应组织方式，明确资金来源、操作流程。

2. 积极推进电能替代工作

为落实环保用电工作，进一步推进电能替代工作，各地纷纷出台电能替代实施方案。各地政府从补贴、电价支持角度推动电能替代工作。

3. 常态化开展有序用电管理

各地每年常态化组织开展有序用电方案编制工作，根据电力供需平衡情况，针对不同等级缺口大小，按照用户类型、响应速度等科学制定负荷调控措施，按照"错峰—避峰—限电—拉闸"的顺序执行。

4. 推动新型电力负荷管理系统建设

目前，全国各省份均成立了省级负荷管理中心，由各省份的电网企业根据本地实际情况组建，负责新型电力负荷管理系统建设运行，配合政府组织有序用电、需求响应，开展电力负荷数据监测、统计分析、应急演练等工作。具体到全国各地，电力需求侧管理工作各有侧重、各有特色，本节选取典型地区，对各地电力需求侧管理工作实践进行梳理和总结。

（一）江苏稳扎稳打，电力需求侧管理实践经验积累丰富

江苏电力需求侧管理工作开展多年，积累了较为丰富的实践经验。其需求响应实施范围、响应规模均位于全国前列，机制设计与实施方式因地制宜形成了特色和亮点。

1. 政策层面

江苏早在节能减排综合性工作方案等节能工作中就重视电力需求侧管理的作用，如《江苏省"十二五"节能减排综合性工作方案》提出"完善电力需求侧管理办法，制定配套政策，规范有序用电，建立长效机制，继续组织实施能效电厂建设工程，力争'十二五'期间建成100万千瓦能效电厂"。此外，《江苏省"十三五"能源发展规划》也提出要"坚持供需互动，提升需求侧管理水平，促进电动汽车、储能系统、智能家居等新业态发展，支持苏州等市开展电力需求侧管理综合试点。到2020年，率先建成省级现代智能电网"。

从专项政策来看，江苏于2018年发布《江苏省电力需求响应实施细则（修订版）》，明确了江苏电力需求响应的触发条件是备用不足或局部过载，形成电力缺口，电网负荷达上年95%峰荷或峰谷差率达20%，响应类型包括削峰、填谷两类，补贴标准为100元/千瓦。2022年，江苏出台《关于做好2022年电力需求侧管理的通知》，积极开展用户负荷管理终端升级改造工作，要求新增用户分路负荷采集及控制接入与用户受电工程同步实施；存量用户通过调整生产计划等方式配合实施终端升级改造，为进一步推动需求侧管理奠定基础。同时，推动江苏13个地市出台市级层面需求响应激励机制，补贴标准为1~5元/千瓦，资金来源为地方财政。截至2022年底，江苏市县层面累计出台需求响应激励政策28个。国网江苏电

力有限公司也出台了电力需求侧管理实施办法，明确管理机构与职责，并从有序用电、能效管理等方面提出了具体举措。

2. 试点项目层面

2012 年，我国启动电力需求侧管理城市综合试点工作，苏州是 4 个试点城市之一，推广电力需求响应是试点的重要内容之一。根据《苏州市电力需求侧管理（DSM）城市综合试点实施方案》，试点目标是节约电力负荷和转移（减少）高峰电力负荷总计 100 万千瓦，其中，永久性节约电力负荷和转移高峰电力负荷 80 万千瓦，临时性减少高峰电力负荷 20 万千瓦。主要的工作举措：有效降低最高用电负荷、打造电力需求侧管理应用示范园区、建设电能管理公共服务平台、建立重要行业（企业）科学用电标准、培育壮大现代电能服务产业等。此外，苏州后续还出台了一系列相关政策，保障电力需求侧管理试点工作的推进和推广，如《苏州市电力需求侧管理城市综合试点专项资金管理办法》《关于创建“智慧用电示范企业”和“智慧用电示范园区”的通知》《关于加快推进苏州市优化用电及电力需求响应工作的通知》等。

3. 实践层面

江苏的电力需求侧管理取得显著成效，具体包括以下方面。

（1）创新需求响应实践，完善市场化机制

一是建立负荷管理常态化组织体系。江苏每年常态化组织开展负荷管理方案编制工作，并建立了省、市、县、乡镇四级政府协同的常态化保供联动调度机制，形成了一套全链条协同处置、全环节闭环管理和突发事件应急快速响应的负荷管理体系。江苏陆续成立了省市“1+13”电力负荷管理中心，开展负荷管理工作期间，实施省、市、县三级负荷管理中心 24 小时联合值班，开展方案制定、执行、监测、督查，实现负荷调节能力研判、负荷压减监控，完成用户统计与确认工作。江苏督导落实负荷压降，在资源较为充足的时段，协助组织负荷释放，有效实现动态供需平衡。

二是开展需求响应大规模的实践应用。江苏实施需求响应规模逐步扩大、频次逐年提高，2015—2022 年，累计实施削峰需求响应 2365 万千瓦，填谷需求响应 6225 万千瓦，累计促进新能源消纳 4.9 亿千瓦时。其中，2017 年，创新实践工业用电设备实时自动需求响应取得成功，响应负荷 55.8 万千瓦，建成秒级“调峰电厂”，创国际上的应用先例；2018 年，在全国率先实施春节、国庆节节假日填谷响应，并首创市场竞价出清模式，实现负荷双向调节；2019 年，单次最大需求响应负荷规模达到 402 万千瓦，创世界第一；截至 2022 年底，申请注册参与需求响应的用户已达到 8.25 万户。

三是建立需求响应资源池。江苏进一步扩大需求响应用户参与覆盖面，从主要以工业企业参与需求响应开始，逐步引入楼宇空调负荷、居民家电负荷、新能源汽车充电桩负荷、储能设备等各类可调资源纳入需求响应资源池。至 2022 年底，江苏日前存在电力缺口时，具备 1085 万千瓦需求响应能力；当日 1~4 小时内短时缺口时，具备 835 万千瓦“快上快下”需求响应能力；当紧急出现（半小时内）电力缺口时，具备 1 分钟级柔性调节，150 万千瓦实时响应能力。

（2）实施常态化有序用电管理

一是科学编制有序用电方案。江苏坚持运用系统思维、创新思维、底线思维，每年常态化组织开展有序用电方案编制工作；指导各地根据电力供需平衡情况，针对不同等级缺口大小，按照用户类型、响应速度等科学制定负荷调控措施；认真梳理钢铁、水泥等具备快速响应能力的大型高载能用户，实现“快上快下”错避峰。同时，依据地区产业链进一步优化检修、轮休方案，保障产业链用电生产整体协同，确保需求侧可调控负荷容量达到最大用电负荷的20%以上。

二是实施负荷精细化管理。江苏通过系统分析和现场调查等方式，对本地区的用电负荷进行全面梳理，对用户的用电与生产特性开展逐户分析和调查。在出现供需缺口时，江苏结合生产工艺优化有序用电形式，将限电负荷细化到每个车间、每条生产线和每台设备，尽可能保障工业企业的重要生产用电，将实施有序用电对工业企业生产的影响降到最低，最大限度做到限电不限生产、限电不限发展。

三是做细做实用户用电服务保障。江苏畅通信息渠道，加强与用户的友好互动沟通，组织各地供电部门线上、线下多渠道为企业提供电价政策解读、节能咨询、能效诊断等服务；通过用电保障服务，引导用户合理安排生产计划，主动避开用电高峰，最大限度争取用户对有序用电的理解与配合。

（3）优化完善信息化平台建设，推进用电管理数字化建设

一是开发完善江苏省电力需求侧管理平台。江苏不断优化完善电力需求侧管理平台，不断拓展电能在线监测、有序用电及需求响应、能效项目管理与统计、经济运行态势预警分析等功能；积极推广工业企业电能在线监测工作，为需求侧管理平台提供数据支撑，提高企业特别是中小企业的电能管理水平，让企业电能管理实现“数字化、网络化、可视化、专业化”四大转变。目前，江苏接入电力需求侧管理平台、实现电能在线的用户超过12000家，通过信息技术与用电技术的融合，为用户实现电能优化、智能管理、效率提升和降本增效等目的。

二是升级优化负荷管理系统建设。江苏不断强化负荷管理系统应用功能，开展用户负荷管理终端的升级改造，依托信息化技术手段为用户提供负荷监测、定值设置、提前告警和安全用电等服务，充分挖掘负荷调节潜力，实现负荷精细化管理。目前，江苏已实现可监测负荷1亿千瓦，可控

制负荷5000万千瓦，规模及覆盖率均居国内首位。

（4）积极引导节约用电，培育智能用电示范园区

一是指导督促电网企业实施社会节电。江苏推动电网企业充分发挥自身优势，深入开展电力需求侧管理工作，积极引导电网企业节约用电，每年均超额完成国家电力需求侧管理目标责任考核任务。

二是推广综合能源服务示范项目。例如无锡红豆工业城多能互补协调优化示范项目，实现区域能源科学调度、协同运行、智能管理，为用户减少综合用能成本10%，年可节约用能成本支出300余万元。

三是培育建设智能用电示范园区。江苏鼓励新兴产业基地、高新技术科技园等工业园区采用现代信息技术和电力需求侧管理措施，实施区域智能用电管理的创新模式，建设了张家港保税区“互联网+智慧用电能”试点示范园区；创新金融模式，尝试以PPP模式结合财政和社会资本建设区域用能在线监测平台，以园区为单位深化电力需求侧管理，打通能源服务产业链，形成完整的商业生态，建立能源服务长效机制。

（二）上海数字赋能，积极推动需求响应制度化发展

上海是特大型城市，负荷特征日益凸显，峰谷差逐年放大。为缓解电力供需矛盾、均衡负荷，上海在全国率先开展电力需求响应试点和有序用电转型，推动电力需求响应常态化发展。

1. 政策层面

上海从用户在线监测系统建设、需求响应与虚拟电厂组织实施、虚拟电厂参与调峰辅助服务、车网互动等4个方面不断完善政策体系。

（1）推动电力需求侧管理平台建设

《上海市经济信息化委关于同意〈上海市电力需求侧管理平台用户在线监测系统实施细则〉的批复》（沪经信电〔2018〕119号），明确要求启

动上海电力需求侧管理平台用户在线监测系统建设工作。基于对电力消费过程的全方位监测，提供能耗监测分析、对标分析、节能诊断、能效评估、服务电力直接交易、运行管理、需求响应控制、电能质量监测等综合功能，解决电力消费过程中的供需矛盾。

（2）完善需求响应和虚拟电厂组织实施政策

2020年，《上海市经济信息化委关于同意开展虚拟电厂参与需求响应市场化交易试点工作的批复》（沪经信运〔2020〕113号）、《关于同意进一步开展上海市电力需求响应和虚拟电厂工作的批复》（沪经信运〔2020〕727号）发布，提出积极探索虚拟电厂等商业模式，引导和激励电力用户挖掘调峰资源，参与系统调峰。同时，明确上海电力需求响应实施方案与上海电力需求响应竞价规则。实施需求响应年度竞价机制，同时设置竞价基准值上限（削峰3元/千瓦时，填谷1.2元/千瓦时），不断丰富需求响应品种与应用场景。

（3）完善虚拟电厂参与调峰辅助服务政策

2020年，《上海电力调峰辅助服务市场运营规则（试行）》（华东监能市场〔2020〕41号）印发，明确了虚拟电厂参与调峰辅助服务的准入条件、交易与调用流程、补偿费用分担方式。

（4）完善车网互动政策

2021年，出台《关于进一步落实本市新增充电设施智能化技术要求的通知》（沪发改能源〔2021〕138号）；2022年，出台《〈关于本市进一步推动充换电基础设施建设的实施意见〉的通知》（沪府办规〔2022〕1号），提出要在上海范围内推广智能充电桩，并鼓励通过需求响应等方式，探索开展智能有序充电和车网双向互动。

2. 实践层面

上海全方面推动电力需求侧管理工作，在节约用电、需求响应、智能用电等多方面取得了显著成效，具体措施如下。

（1）积极推动节约用电与电能替代工作

国网上海市电力公司积极探索“1+N”综合能效服务，为推进用户节能项目改造提供强有力的服务保障。2017—2021 年，上海实现节约电量 23.32 亿千瓦时、节约电力 75.32 万千瓦。

上海聚焦以电为核心的综合用能服务，开展了多项重点项目，为推动碳达峰碳中和目标的实现做出贡献。

一是“世博 B 片区”引领多能互补区域能源站建设运维。上海建成世博 B 片区央企总部能源中心，以冷热电三联供为片区内 14 家企业、28 幢办公楼及附属商业建筑提供综合能源服务，能源综合利用率为 75%～85%，年可节约 4107 吨标准煤、减少二氧化碳排放 10542 吨、减少二氧化硫排放 82 吨，节能环保效益显著。

二是“能源魔盒”助力老牌工业园区绿色用能转型。上海市政府（上海市电力公司）联合上海电气集团打造集“风、光、储、充、控”多元融合于一体的电机厂能源微网，并依托智慧能源管理平台对能源系统进行统一管控，年可节约约 665 吨标准煤，减少二氧化碳排放约 1760 吨，减少有害气体排放约 1.8 吨，绿色效益可观。

三是“能源管家”实现“自助式、无限量”用能新体验。集变配电、空调冷热源、照明系统用能优化和能源管理平台智慧应用于一体的复旦大学附属金山医院能源托管项目，在提升整体用能的可靠性与经济性基础上，实现客户“自助式、无限量”用能新体验，年节约 1200 吨标准煤，减少二氧化碳排放 3000 吨，减少有害气体排放 24 吨，打造了优质“能源管家”品牌。

（2）深入推进需求响应工作

一是率先开展电力需求响应试点。为深入推进电力需求侧管理工作，探索在电力供应紧张时段通过实施需求响应削减高峰负荷，进一步优化电力资源配置，自 2014 年起，上海开展电力需求响应试点工作，结合上海电力运行实际，坚持问题导向，大力发展和提高用户侧电力需求响应能力，有效提升了电网安全和供电保障水平，成为发展智慧能源互联网的成功探索实践案例。上海建成了电力需求响应中心，利用大数据对电力负荷数据精确采集分析；研究开发了基于互联网的电力需求响应管理平台和用户端管理系统（DRAS）；建立了具有上海特色的需求响应管理运行体系，多次成功实施用户需求响应试验，开发部署大批工商业用户，全面开展工业企业、商业建筑、居民等各领域需求响应试验。

二是因地制宜建设可调节负荷资源库。上海结合用电负荷特点，重点对楼宇空调、电动汽车充电、客户侧电储能等调节速度较快及工业企业等调节规模较大的行业用户开展普查，已完成可调节负荷资源库建设。

三是全面提升需求响应实施水平。上海围绕保障供需平衡、促进清洁能源消纳、客户能效提升、扩大市场化参与规模、缓解电网投资等目标，不断发掘、发挥需求侧资源作用，扩大需求响应规模，形成多元化、规模化、市场化发展应用。2021 年累计执行需求响应 40 次，单日最大削峰 56.48 万千瓦、最大填谷 105.90 万千瓦，促进清洁能源消纳 31.77 万千瓦时，已发放需求响应补贴资金 1604 万元。

四是探索虚拟电厂全域综合需求响应。上海充分调动各类电力用户，开展局部精准需求响应（最小精准定位至 10 千伏变压器），商业建筑虚拟电厂储能、综合能源云平台、分布式用能、冰蓄冷等多种类型用户（以楼宇用户为主），通过负荷管理终端、能源控制器、能源路由器、智能有序充电桩、用户内部用能管理系统、温感传感器、柔性控制终端等全过程自动参与需求响应。截至 2023 年 12 月，上海虚拟电厂备案可调控资源 69.74 万千瓦，约为最大用电负荷的 2%。

（3）加强电力需求侧管理相关平台建设

一是建设大规模源网荷友好互动系统，丰富和完善上海电网安全控制手段。该系统实现毫秒级控制功能，系统由控制中心站、控制子站、用户就近接入变电站和用户变电站四类功能站点构成。根据地理结构及负荷分布特点，上海电网分为五大片区：北部片区、东部偏北片区、西部偏北片区、东部偏南片区、西部偏南片区。在直流发生闭锁情况下，650 毫秒内快速切除可中断负荷，避免系统频率大幅波动。系统控制容量达到 80 万千瓦。

二是用电负荷管理系统实现多功能智能化升级。上海全面建成了用电负荷管理系统，实现了对容量在 100 千伏安以上的高压电力用户的全覆盖，系统智能化程度较高，集成了即时负荷监测、动态平衡调节、负荷数据采集、远程自动抄表、电能质量监测、客户需求侧服务和电力需求响应交易管理等多种功能。作为上海公共应急体系和有序用电体系的重要组成部分，系统为用户免费提供“客户端需求侧管理系统”，通过软件向客户提供终端内部相关数据，支持客户开展需求侧管理工作，全覆盖上海电网内 10 千伏及以上高压客户，有效保障了上海电网运行平稳有序和用电安全。随着上海用电形势和通信技术不断发展，用电负荷管理系统从早期以负荷控制为主向全面服务电力用户的方向转型，导向用户以节约和综合利用能源为核心，共同加强负荷管理工作。

三是建成需求响应车网互动模块，扩大车网互动资源规模。上海持续推进社会车企、桩企及第三方充电设施运营企业，通过平台对接方式接入上海市需求响应管理平台。2022 年完成充电设施运营商平台接入 8 家，共计充电桩 17015 台，可调节充电负荷 51.90 万千瓦。积极参与上海市为民办实事充电桩示范小区建设，累计建成示范小区 16 个。常态化开展车网互动，2022 年前，累计开展车网互动 12 次，2022 年第一季度开展车网互动 7 次。

（三）浙江重视创新，打造“一键响应”需求侧管理模式

近年来，浙江对电力需求侧管理的重视程度不断提高，基于本地实际，积极进行创新探索，形成了较为突出的模式和特色。

1. 政策层面

浙江全面构建政策支撑体系，每年发布浙江需求响应工作方案。2021年，浙江出台《关于开展2021年度电力需求响应工作的通知》，将需求响应类型丰富至全时间尺度，率先构建日前、小时级、分钟级和秒级等4个时间尺度的需求响应资源池。同时，打造用户侧竞价出清模式（最高补贴4元/千瓦时）、“容量+电量”“两部制”补贴、“基于响应负荷的阶梯式”补贴等多种市场机制。在此基础上，浙江推动21个区县政府出台地方性需求响应专项补贴，成功打造具有浙江特色的需求响应政策支持体系。从2023年开始，浙江将空调负荷纳入需求响应工作，2024年进一步加强存量调控型空调用户消缺整改，挖掘增量空调用户调控潜力。浙江强化管控型空调用户宣传引导，指导用户主动调节空调设备，力争具备最大200万千瓦空调制冷负荷调控能力，以缓解高峰用电时段（早峰时段、腰峰时段各1小时）的供需压力。

2. 实践层面

浙江需求响应精细化管理水平不断提高，依托容量、电量双补偿形式，形成需求响应和有序用电共享用户机制。主要采取了以下措施。

（1）多渠道持续挖掘可调控负荷资源

通过“现场改造+周期演练”固化、释放用户可调控能力，重点开发大都市商业空调负荷调节潜力，持续挖掘数据中心、公共机构、5G基站、充电桩等新兴业务可调节能力，探索综合能源服务商、虚拟电厂运营商、负荷聚合商等多种负荷聚合模式，扩展商业楼宇、工业企业及小微园区等

试点应用场景。

（2）扎实开展负荷可中断能力建设

加快负荷管控能力建设，通过科学制定分轮次接入方案，实现分路负荷可监、可测、可控，2023 年底完成了浙江最大负荷 10%的可中断能力改造。

（3）运用互联网思维积极进行商业模式创新

聚焦精准构建客户画像，有效结合各类营销现场业务，根据客户行业生产特性、用电负荷特性、分路开关情况等标签信息，精准构建客户画像；同时，推动技术规范标准建设，加强示范工程项目建设，聚焦负荷精准管控、网荷灵活互动、虚拟电厂建设等重点方向，打造可复制、可推广的样板工程，推广先进技术和成熟模式。

（4）推出“一键响应”需求侧管理

通过深化应用“大云物移智链”新技术，在业务上贯通“发输变配用”各个环节，横向协同营销、调度、设备等多个部门，纵向打通省、市、县（区）等多个层级，从而面向全业务、全区域、全时间尺度，推动实现电力需求侧管理的精细化、柔性化、市场化、数字化。针对短时、小容量的供电缺口，调控专业生成响应时段、响应容量等需求，并“一键”推送至营销专业，营销需求侧平台自动生成需求响应方案，实现全流程线上流转，已建成超过 1000 万千瓦的日前需求响应资源池。针对长期、大容量的供电缺口，基于亩均评价、能耗强度等用户标签，充分考虑行业负荷特性、产业链上下游关系、行业内部联动等多种因素，通过智能算法“一键”生成负荷管理方案，保障经济社会有序运行。

（5）持续强化节约用电

省市县各级政府和有关企业共同加强“绿色低碳、节能用电”宣传活动，得到全社会广泛关注；同时，针对性开展公共机构、商场超市、金融机构等公共场所节能监察工作，倡导夏季空调温度设定26摄氏度以上，减少不必要的城市景观亮化，全社会节约用电意识稳步提升。

（6）强化应急措施动态储备

强化兜底保障措施，当重要输送通道或重要输变电设备或省内电源机组突发故障，造成电网或局部供电区出现较大缺额时，启用小时级、分钟级、准秒级可中断等措施，分别储备300万千瓦、130万千瓦、1500万千瓦日内响应资源池。启动有序用电措施期间，出现电网故障等突发情况，日内启用应急机动负荷进行补充，储备330万千瓦机动负荷资源池。

（四）广东起步较早，积极打造市场化需求响应

广东电力需求侧管理工作起步较早，2012年，佛山被列为我国首批电力需求侧管理城市综合试点，2013年，广东被确定为工业领域电力需求侧管理试点省份。广东电力现货市场已转入正式运行，为推动需求响应参与市场交易、提高市场效率、优化资源配置，起到了基础性作用。

1. *政策层面*

广东不断强化电力需求侧管理工作，深化市场化需求响应机制。2022年，印发《广东省市场化需求响应交易实施方案（试行）》《广东省市场化需求响应实施细则（试行）》，明确响应资源包括传统高载能工业负荷、工商业可中断负荷、用户侧储能、电动汽车充电设施、分布式电源、智慧用电设施等。广东政企协同动员用户广泛参与需求响应资源注册，2022年，累计注册用户5.81万户，储备有效需求响应能力600万千瓦。需求响应交易按照多月、周、日等不同周期开展交易，交易方式包括直控型可调节负荷（含直控虚拟电厂）竞争性配置交易、可中断负荷交易和日前邀约需求响应等。

2. 实践层面

广东从机制设计、新业态新模式探索、新技术应用等诸多方面推动电力需求侧管理工作持续发展。

（1）建立需求响应市场化机制

2021 年，广东首创资金来源市场化用户传导机制，市场用户需求响应收益由需求地区的市场用户（包括批发和零售用户）分摊。自 2021 年 5 月启动需求响应结算试运行至 2021 年 12 月，广东累计开展需求响应交易 77 天，培育稳定响应能力约 150 万千瓦，实现 9 天全量覆盖电力缺口。需求响应结算成为广东电力保供的重要手段。2022 年，广东进一步扩大参与用户规模，丰富交易品种，需求响应能力达到 600 万千瓦。2022 年，广东累计开展日前邀约型市场化需求响应 9 次；共计 1132 家聚合商（含自主参与用户）、5868 家零售用户参与；最大削峰负荷 277 万千瓦，最大响应申报量 609 万千瓦；有效响应调用收益 1. 63 亿元，考核电费 0. 03 亿元，净收益 1. 60 亿元；自主参与用户净收益 0. 23 亿元，聚合商净收益 0. 39 亿元；代理参与用户净收益 0. 98 亿元，分成比例为 28 : 72。

（2）加快虚拟电厂新业态发展

深圳持续推动虚拟电厂技术、管理工作。2021 年，南方电网深圳供电局与南方电网科学研究院共同研发了虚拟电厂运营管理平台，实现可调节负荷全时段可观、可测、可调。2022 年 4 月，南方电网深圳供电局在用电高峰时期实施虚拟电厂精准削峰行动，自动降低电动汽车充电桩、建筑楼宇等用电负荷，实现特定时段内的负荷调节。2022 年 8 月，深圳成立国内首家虚拟电厂管理中心，设在南方电网深圳供电局，由深圳市发展改革委管理。2023 年，深圳虚拟电厂累计开展精准响应 33 次（日前响应 28 次，日内响应 5 次），累计调节电量约 128. 5 万千瓦时，最大调节功率约 21 万千瓦。截至 2024 年 3 月，深圳虚拟电厂已接入运营商平台 44 家，平台接入资源数量超过 3 万个，规模超过 265 万千瓦，实时最大可调节负荷能力约 56 万千瓦，是国内数据采集密度高、接入负荷类型、直控资源、应用场景丰富和全面的虚拟电厂调控管理平台。

（3）全方位拓宽电能替代广度和深度

广东在南方电网范围内首创电能替代可量化管理体系，建立了电能替代分类分级管理体系，因地制宜制定推广策略。2016—2022 年，广东在工业、农业、农村等重点产业和领域推进电能替代电量近 1000 亿千瓦时，完成替代电能总量超过 2021 年广东全社会用电量的 1/10。

（4）积极推动需求侧管理新技术应用

2022 年，广东电网企业积极推进新技术推广应用，推动如惠州深能港务有限公司荃湾煤炭码头港口节能改造项目、比亚迪半导体股份有限公司空调冷水机组工艺节能改造项目、东莞巷尾“多站合一”直流微电网示范项目等一批新技术应用落地；开展广州市南方投资大厦综合能源服务、惠州市贝特瑞智慧空压站综合能源服务等项目能源托管。

（五）河北节能优先，做细电力需求侧管理工作

河北按照“为政府企业节能减排搭桥，走市场运营服务社会之路”的思路，稳步开展电力需求侧管理工作。

1. 政策层面

河北定期发布电力需求侧管理工作方案，结合本地电力供需形势等情况，系统推动电力需求侧管理工作。《2023 年河北省电力需求侧管理工作方案》提出坚持节约优先，将景观照明、工业领域节能和中央空调节能降耗作为三大重要抓手。同时，河北积极推动经营主体参与需求响应，建设完善需求响应市场机制，河北南网积极发展“快上快下”和电网直控的日内、实时需求响应市场，建立“容量+电量”“双补贴”机制；国网冀北

电力推动需求响应科学化、精细化，做好极端情况下的电力保供准备工作。

2. 试点示范项目

河北安排专项资金推动电力需求侧管理工作，并将其作为缓解电力供需矛盾的重要手段和提高电能利用效率、促进经济结构调整的有力抓手。其中，节能和提高能效是河北最初开展电力需求侧管理的重点。

（1）示范项目推广取得显著成效

河北在全国率先设立专项资金，2004—2016年，累计安排专项资金约9亿元，对884项电力需求侧管理示范项目进行补贴。据项目综合分析，电力需求侧管理示范项目可实现年节电45亿千瓦时，减排二氧化碳约450万吨，减排二氧化硫4.5万吨；同时，降低用电负荷约60万千瓦，转移高峰负荷约19万千瓦，相当于新建80万千瓦电厂的供电能力，可节省建设资金投资近40亿元。另外，据不完全统计，通过实施电力需求侧管理示范项目，带动全社会近90亿元资金用于电力需求侧管理项目实施，年节电量近125亿千瓦时。

根据《国家发展改革委、财政部关于下达财政补贴高效照明产品推广任务的通知》要求，2008—2014年，河北共推广节能灯约2889万只，照明产品总功率约43.8万千瓦，首期节电量约90.99亿千瓦时。特别是2012年，河北创新市场机制，引导实施首个交通领域LED隧道灯改造项目，照明总功率下降42%，年节约电量100万千瓦时。河北认真做好国家“节能产品惠民工程”推广工作，并结合国家“家电下乡”政策，大力推广使用节能电器，共推广“家电下乡”产品2296万台，促进节电产品的普及使用。2015年，河北探索在省直机关单位实施屋顶光伏发电示范项目，引导全社会积极参与，提升新能源分布式电源比重。

（2）能效电厂建设初具规模

河北率先在全国研究提出了采用市场化运作模式建设能效电厂项目。经过近两年的研究探索，组织开展了项目申报、实地调研、方案设计、项目筛选、专项培训等一系列工作，并建立了能效电厂项目库即时申报机制，采用多种模式推动项目实施，取得了实效。

一是企业自主实施项目。“十二五”期间，河北开展“双三十”工程中的企业万元GDP能耗比2010年下降18.7%，累计实现节能量3782万吨标准煤；千家重点节能企业实现节能量2000万吨标准煤以上，有力地促进了河北能效电厂的建设。

二是节能服务公司实施项目。“十二五”期间，河北节能服务产业迅速发展，通过重点扶持培育综合性节能服务公司，引导带动专业化节能服务公司发展壮大、扩展服务范围、提高服务水平。河北百余家节能服务公司在国家发展改革委、财政部备案，为河北深入开展节能减排工作提供了行业支撑。

三是利用能效电厂平台实施项目。河北部署国网河北综合能源服务有限公司建立包括技术平台、资金平台和管理平台的能效电厂平台，合理配置资源，促进能效电厂建设。

四是利用国际金融组织低息贷款实施项目。2009年，河北谋划利用亚洲开发银行贷款实施节能减排促进（能效电厂）项目并组织实施，取得了显著成效，荣获了亚洲开发银行2014年度最佳表现项目奖。首批8个子项目均建设并投入使用，总投资约12亿元人民币，贷款规模1亿美元。项目建成后，可年节约27万吨标准煤，减排二氧化碳约70万吨，减排二氧化硫约1600吨。

3. 实践层面

河北注重平台建设和新技术应用。一是电能服务平台建设成效显著。

2013—2015 年试点实施阶段，河北省电能服务管理平台建设取得阶段性成果，实现 27 家数据子站在线监测，初步探索建立了一套可复制、易推广的电能服务管理平台建设机制。2018 年，河北组织对平台应用软件进行了优化升级，进一步丰富了平台功能；同时，聘请第三方服务单位负责平台运维，督导其拓展平台覆盖范围，对平台数据进行分析研究，定期为电力用户出具节能技改方案，累计协助企业开展节能技改项目百余项，提高了电力用户的智能化用电水平。二是新技术、新产品推广成效明显。为加大电力需求侧管理新技术、新产品推广力度，河北每年对一批新技术产品应用情况进行实地考察，组织专家开展评审工作，筛选出技术先进、节能效果显著的技术产品，以生动形象的宣传片为载体进行公益宣传推广，平均每年推广新技术、新产品 10 余种。宣传片对新技术、新产品的技术原理、应用场景、节能效果等进行介绍，有针对性地向河北用电量排名前 1500 的企业、高耗能行业协会等进行发放。宣传推广的空气悬浮离心鼓风机、高效永磁电机、热源塔热泵系统等 10 余项新产品、新技术被水泥、冶金、食品等行业广泛应用，有力推进了电力需求侧管理新技术、新产品的应用。

（六）山东机制突破，建立基于现货的需求响应机制

山东电力需求侧管理重视机制创新，多措并举推动电力需求侧管理工作，并且结合现货市场建设，建立基于电力现货市场的新型需求响应机制。

1. 政策层面

早在 2008 年山东就发布了加强电力需求侧管理的政策文件。2018 年，山东发布《关于开展电力需求响应市场试点工作的通知》（鲁经信电力字〔2018〕244 号），首次在全省开展电力需求响应。2019 年，山东在总结 2018 年试点工作经验的基础上印发《关于开展 2019 年电力需求响应工作

的通知》(鲁能源电力字〔2019〕176 号),明确需求响应补偿资金从跨区域省间富余可再生能源现货交易形成的资金池列支。2020 年,山东印发《2020 年电力需求响应工作方案》(鲁发改能源〔2020〕836 号),在全国范围内首次提出适应电力现货市场模式的“双导向、双市场”需求响应机制,首次提出系统导向的紧急型需求响应和价格导向的经济型需求响应的“双导向”参与模式,实现“电力安全”和“电力经济”的协调平衡;建立容量市场和电能量市场相结合的“双市场”价格补偿机制,实现电能“质”和“量”的有机统一。2021 年,山东印发《2021 年电力需求响应工作方案》(鲁发改能源〔2021〕448 号),在“双导向、双市场”模式的基础上建立“多主体、高互动、分时段、常态化”的绿色低碳新型需求响应机制,首次提出促进新能源精准消纳与分时响应联动模式,利用市场化的方式解决了填谷资金的来源,支撑需求响应常态化开展。2022 年 3 月,山东出台居民区充电设施分时电价政策,在居民合表电价基础上,峰谷时段分别提高、降低 0. 17 元/千瓦时,引导电动汽车谷段充电,参与电力需求响应。

2. 实践层面

山东政府、电网企业协力配合,电力用户积极参与,无论是紧张时期保平衡,还是宽松时期提能效,电力需求侧管理工作都发挥了非常重要的作用。

(1)需求响应持续扩展

山东重视经济激励的创新,探索推出了适应电力现货市场模式的“双导向、双市场”需求响应新机制。有评价认为,山东“在全国率先进入电力需求响应 2. 0 时代”。自 2018 年启动需求响应试点以来,山东积极推动需求响应市场化建设,每年出台需求响应工作方案,明确省级智慧能源服务平台作为山东需求响应唯一支撑平台,实现需求侧负荷可观、可测、可调。山东需求响应采用“双品种”模式，即容量电量“双补偿”的紧急型、与电力市场融合的经济型，按照“经济型优先、紧急型次之、有序用电保底”方式实现削峰填谷。同时，山东利用经济型填谷响应，积极推进可再生能源与电力用户构建点对点市场交易新模式。参与紧急型需求响应的企业可获得容量和电能量补偿费用，紧急型需求响应容量竞价包括紧急型削峰、填谷需求响应容量竞价两部分，采用“单边报量报价、边际价格出清”模式，电能量费用也根据市场价格有相应的计算标准。经济型需求响应由用户基于价格信号自主申报参与电能量市场投标，按指令削减或增加负荷并获得电能量补偿费用。山东电力现货市场连续长周期结算试运行后，组织开展经济型削峰、填谷需求响应。从补偿费用来源来看，紧急型需求响应补偿费用计入供电成本，经济型需求响应补偿费用暂从电网公司参与跨省区可再生能源现货市场试点形成的资金空间支出。山东创新需求响应新机制，在市场化激励机制初步形成后，探索实现需求响应资源和现货电能量市场联合优化出清，从而构建起需求响应资源与电力现货市场、可再生能源消纳协调互动的市场化激励机制，这是电力需求侧管理工作在激励机制上的创新探索。2017—2021 年，山东最大削峰负荷 237.03 万千瓦，最大填谷负荷 67.58 万千瓦，发挥了需求侧资源的主动调节作用。

（2）完成年度节能目标

按照国家发展改革委《电网企业实施电力需求侧管理目标责任考核方案（试行）》提出的两个 0.3%节能指标要求，确定每年年度节约电量和节约电力的目标任务，并组织国网山东省电力公司完成。2017—2021 年，山东累计实现节约电量 80.73 亿千瓦时，节约电力 221.11 万千瓦。通过“节能宣传周”、节能展览、“节能进校园”等活动，积极开展节能宣传和节能知识普及工作，举办节能工作培训班。

（3）电能替代有序推进

重点围绕供冷暖、工业、农业、交通、家电等领域全面推进电能替代发展，推广“煤改电”清洁取暖；成立电能替代产业协会，为促进全社会共同参与实施搭建共享平台；深入企业宣传燃煤锅炉电能替代专项支持政策，推动完成燃煤锅炉电能替代淘汰改造；建设港口岸电系统，打造山东“两海、一运河”岸电服务网络；建成千座工业电锅（窑）炉、千所电气化校园等一批典型示范工程，2017—2021 年累计实现年替代电量 865 亿千瓦时。

（4）数字化管理体系逐步完善

开发并深化电能服务管理平台应用，开展 DSM 目标责任考核、节能服务业务管理、有序用电、宏观经济分析、用户用能管理、用能采集管理、知识库管理模块等多项功能应用。通过国网山东电力智慧能源服务平台，完成全部高压大工业客户及户年用电量 100 万千瓦时以上的楼宇客户接入，实现全社会用能信息广泛采集、客户能效数据在线分析、用能优化科学决策、需求响应实时便捷、源网荷储协调互动等功能，有效提升客户综合能效。目前，山东所有节能项目的节能数据全部实现在线管控，数据质量得到可靠保证。

（七）湖南积极推进，多措并举推动电力需求侧管理工作

湖南电力需求侧管理持续完善，在政策保障和具体实践方面均开展了大量工作。

1. 政策层面

湖南为落实电力需求侧管理工作有关要求先后印发了《湖南省电能替代工作实施方案》（湘发改能源〔2017〕697 号）、《关于组织做好电力负荷管理系统建设工作的通知》、《关于组织做好 2019 年精准电力负荷管理系统建设工作的通知》、《湖南省电力辅助服务市场交易规则（试行）》

（湘监能市场〔2020〕81号）、《2021年湖南省度夏电力需求响应实施办法》（湘发改运行规〔2021〕405号）、《湖南省电力需求响应实施办法》（湘发改运行规〔2023〕372号）和历年迎峰度夏（冬）有序用电方案等。

2. 实践层面

（1）强化节约用电管理

湖南在用电环节上降低电耗、杜绝浪费，单位GDP能耗逐年降低。湖南每年开展电网企业电力需求侧管理目标责任考核工作，节约电力和节约电量指标均超额完成“两个千分之三”的责任目标；常态开展节约用电宣传活动，组织产业园区、工业企业、商业综合体等建立健全节约用电管理机制，促进企业节能降耗和可持续发展。

（2）积极开展电能替代工作

湖南落实大气污染防治专项行动。2017年7月，湖南省发展和改革委、湖南省能源局等八厅局联合印发《湖南省电能替代工作实施方案》（湘发改能源〔2017〕697号），建立“政府主导、电网推动、社会参与”的协同工作机制，按照“成熟领域全覆盖、新兴领域大力推、创新领域抓试点”的推进方式，在湖南全面实施电能替代。经过几年的推广，湖南在工业制造、农业生产、交通出行、建筑与消费等重点领域推广电能替代技术50余项，实现电能替代电量约237亿千瓦时，减排二氧化碳约2363万吨，推进经济社会低碳发展。

（3）积极推进绿色用电工作

湖南新能源发电装机快速增长，风电装机由2017年的220万千瓦增长至2021年底的802万千瓦，太阳能发电装机由2017年的36万千瓦增长至2021年底的451万千瓦。按照“分散布置、集中控制”方式，湖南部署电化学储能电站，在电网负荷尖峰时段和新能源发电充足期间，起到了较好的调节作用，促进了新能源电力的消纳和电网平衡。同时，湖南通过制定省级电力辅助服务市场交易规则，开展了一定规模的源荷互动，提升了湖南省可再生能源的消纳能力。

（4）大力推进数字化平台建设

湖南建成具备需求响应、有序用电、分布式电源聚合管理等功能的源荷聚合互动平台，常态开展用电在线监测、数据统计分析等工作；每年迎峰度夏（冬）期间，通过系统监测数据支撑各级政府组织用电决策调度、组织需求响应和有序用电等工作。湖南通过在线监测和信息化平台，推进用户侧需求响应资源、电网侧储能资源、电源侧分布式可再生能源电力的综合利用。湖南开展了商业楼宇综合能效服务试点建设，引导全社会采用智能用电设备提升能源综合利用率；湖南建成全省充电设施智能服务管理平台，为电动汽车充电服务运营商和电动车车主提供智能化、个性化服务；建成覆盖到区县和高速公路的电动汽车充电网络，满足电动车车主无忧畅行需要。

（5）强化需求响应能力建设

2021 年夏季，受电煤涨价、长时间高温的影响，湖南共执行最大错避峰 553 万千瓦，实施需求响应 8 次，需求响应最大负荷 117 万千瓦。湖南建成并依托需求响应和有序用电管理系统，在调度决策、事前准备、事中监测、事后评价总结等阶段充分发挥大数据支撑作用；逐步完善电力负荷管理系统功能，负荷监测能力达到最大用电负荷的 70%以上，负荷控制能力达到最大负荷的 10%以上，全省专变用户全部纳入负荷管理范围，为有序用电的规范执行提供了技术保障。

（八）山西依托市场，推动需求侧资源参与电力市场运行

山西现货市场建设走在全国前列，为全国首个正式运行的省份。同时，依托市场建设的规范化、标准化流程，山西积极推动需求侧资源参与电力市场运行。

1. 政策层面

山西出台系列政策健全电力需求侧管理工作体系。2018 年，山西发布《关于进一步做好电力需求侧管理工作的通知》（晋经信电力字〔2018〕65 号），积极开展需求侧管理和能效管理，运用现代信息技术、培育电能服务、实施需求响应等，促进供需平衡和节能减排。2020 年，山西印发《“新能源+电动汽车”协同互动智慧能源试点建设方案》，探索构建“源（新能源）—网—荷（电动汽车）—储（蓄电池）”协同运行的“互联网+”智慧能源系统，提升需求侧主动响应能力和新能源消纳水平，并明确要启动需求响应市场。2020 年 12 月 18 日，山西电力需求响应市场正式启动。2022 年，山西印发《虚拟电厂建设与运营管理实施方案》（晋能源规〔2022〕1 号），要求加快推进虚拟电厂建设，明确了虚拟电厂建设与入市流程，旨在进一步提升新能源消纳及需求响应能力。

2. 实践层面

山西全面推动电力需求侧管理工作，特别是需求侧资源参与市场运行方面居全国领先地位。

（1）大力推动节约用电工作

依托“传统+新媒体”模式，每年定期开展节能宣传活动，宣传节能增效、减污降碳绿色理念，助力全社会提高资源意识、节能意识和环境意识。依托网上国网 App，设置“节电三重奖励”，引导电力用户积极参与。2022 年，通过“电费券”累计发放电费奖励 30 余万元。此外，山西还大力开展工业节能诊断。根据《工业和信息化部办公厅关于组织开展 2022 年工业节能诊断服务工作的通知》（工信厅节函〔2022〕136 号）要求，山西遴选重点行业的 30 家企业完成节能诊断服务工作（包括重点企业 10 家、中小企业 20 家），共提出诊断建议 92 条，每年可节约 5.21 万吨标准煤，节能率约为4.07%。

（2）扩大需求响应范围，推动需求侧资源参与电力市场运行

山西积极推进虚拟电厂建设，通过虚拟电厂有效聚合调节资源，挖掘需求侧灵活性。山西虚拟电厂参与电力市场已经形成标准、规范化的入市交易流程，虚拟电厂可作为独立经营主体参与中长期市场、现货电能量市场和辅助服务市场，通过市场获取相应收益。2022年，山西完成10家虚拟电厂经营主体申报的建设方案评估工作，累计聚合容量约132.07万千瓦，最大可调节容量约40.36万千瓦。

（3）全力推进重点领域电能替代

2022年，山西累计实施电能替代项目908个，替代电量58亿千瓦时，折算减少散烧煤325.12万吨，减排二氧化碳578.96万吨。山西聚焦高耗能、高污染行业，大力推广电能替代实施，累计推动2141家工矿企业2443个工业电能替代项目，拉动售电量增长310.79亿千瓦时。

（九）重庆因地制宜，深挖空调负荷可调节资源

重庆为抓好需求侧管理工作，坚持“分层分级、由点及面”原则，提早部署，做实、做细各项工作措施，深入挖潜需求侧资源，推动源荷互动。

1. 政策层面

2022年，重庆陆续印发《关于进一步加强电力需求侧管理的通知》（渝经信电力〔2022〕1号）、《2022年重庆电网需求响应实施方案（试行）》、《中央空调智能化管理设备安装实施方案》等政策措施，精细制定各项工作实施方案，精准挖掘负荷管理空间，并将负荷管理目标细化到设备和生产线。

2. 实践层面

重庆在综合能源服务、需求响应、平台建设等方面落实需求侧管理工

作，特别是挖掘空调负荷资源，构建城市级负荷资源池。

一是培养综合能源服务产业。重庆以节能项目、分布式能源、多能互补、新型储能、能源托管等为主要业务方向开展综合能源服务业务，通过节能效益分享型、节能效益支付型、运行服务型、节能量保证型等合同能源管理方式，提高用户及综合能源公司效益。同时，重庆以已发布的 26 类项目商业模式产品手册为基础，支撑产业推广优化。

二是建成首个省级中央空调柔性控制系统，构建城市级可调节资源池。近年来，重庆电网在高峰期供需矛盾十分突出，工业负荷占比较低、调控能力有限，而降温负荷占比较高（高峰期约占全网最大供应能力的 60%），具有一定的挖掘空间。经梳理，中央空调负荷在各类降温负荷中虽然比例不高，但适合统筹调度，具有较强的调峰作用。重庆依托新型电力负荷管理系统，深挖客户侧中央空调调节资源，实现全市中央空调负荷的“统一管理、统一调控”。同时，优化需求响应方案，将中央空调用户补贴标准提高至 25 元/（千瓦·次）[工业用户 20 元/（千瓦·次）]，制定出台商业夏季分时电价，以价格杠杆引导和激励中央空调用户全员参与。截至 2022 年底，重庆共有中央空调楼宇 1525 栋纳入负荷资源池，空调主机总容量约 100 万千瓦，柔性无感负荷调节能力达到 15 万千瓦。2022 年 7—8 月连晴高温期间，重庆组织中央空调楼宇参与电网削峰超 2.6 万栋次，单日最大压降负荷 15.11 万千瓦。

三是深化电能服务管理平台建设应用。重庆电能服务管理平台实现宏观经济分析、负荷预测、需求响应管理、电能替代等业务功能，与营销业务管控平台、营销基础数据平台、电力需求侧管理平台、安全接入平台等实现数据全面贯通。同时，电能服务管理平台与渝电综合能源服务平台共接入近 400 户用户的用电数据。电能服务管理平台能够提供用能监测、分析、对标和咨询等功能服务，用户通过接入平台可采用手机端和电脑端对自身企业的电能实现管理，减少用户自建平台的重复投资。

二、典型案例

企业是电力需求侧管理工作的重要实施主体和参与主体，对推动电力需求侧管理有效落地，并形成成熟的商业模式常态化实施至关重要。近年来，电网企业、电力用户，以及负荷聚合商、售电公司、虚拟电厂运营商、综合能源服务商等电力需求侧管理服务机构结合自身优势，在电力需求侧管理工作方面取得了显著成效。

（一）电网企业典型案例

电网企业是电力需求侧管理重要的实施主体，一方面，积极推动电力需求侧管理相关工作；另一方面，作为平台企业，在需求响应等方面为其他电力需求侧管理服务机构参与电力需求侧管理提供服务支撑。

1. 节约用电

电力需求侧管理工作始终将节约用电摆在首要位置，持续加强全社会用电管理，在用电环节制止浪费、降低电耗。从实施电网企业电力需求侧管理目标责任考核评价制度，推广应用节能先进技术，推进工业、建筑等领域电力需求侧管理，组织开展能效电厂项目示范，支持节能服务产业发展等方面，多维度发力、共同促进节约用电工作。

（1）全面完成电力电量节约指标

电网企业作为电力需求侧管理工作的考核责任主体，积极引导用户提升终端能效水平。2017—2021 年，国家电网公司累计节约电量超 700 亿千瓦时，节约电力超 2000 万千瓦；南方电网公司累计节约电量超 160 亿千瓦时，节约电力超 370 万千瓦，均完成了年度电力、电量节约考核量。

（2）深化能效公共服务

国家电网公司结合业务需要，加强内部专业协同，打造市县业务部门前台服务团队，构建高效协同的能效公共服务实施体系，推动省电力公司成立能效公共服务专业班组，并在省级营销服务中心成立专职支撑部门，设置专职支撑人员。截至 2021 年底，已向 1.67 亿户低压客户（含居民）提供用能分析，向 423 万户高压客户推送电能账单，覆盖率超过 96.45%，引导客户节约用能、清洁用能，推动全社节能减碳、降本增效。2017—2021 年，南方电网公司累计为 1657 家客户免费开展节能诊断工作，其中，为 165 家客户开展了高端深度节能诊断，累计为客户提供节能咨询 28023 次，累计为客户提供节能告知 97791 户。南网能源公司位列“全国节能服务公司百强榜”第一名，是全国唯一获得 3 项 AAAAA 评级的节能服务公司，在建筑、工业、照明等细分领域保持行业领先，累计投资、服务、开发节能减排项目千余个。

（3）综合能源服务工作取得积极成效

近年来，电网企业积极推进综合能源服务发展，加大重点业务领域市场开拓力度。国家电网公司综合能源服务业务收入从 20.99 亿元（2017 年）增长至 297.26 亿元（2021 年），重点业务领域收入占比从 41%（2018 年）提高至 78%（2021 年），累计开展综合能源服务业务营收项目 40798 个，为提升全社会能效水平、促进新能源消纳做出积极贡献。南方电网公司打造“南度度节能”“一站式”综合能效服务平台，拓宽了新媒体能效服务渠道，为用电客户提供绿色照明、工业节能、建筑节能、能源综合利用、新能源等领域的专业服务，取得良好效果。

（4）强化节电宣传工作

南方电网公司加强绿色宣传引导，组织节能展示中心参观，开展节能宣传活动，举办节能降耗交流研讨班、推广会，开展节能系列活动。通过多种形式深入企业、社区、商圈、学校和农村等地区组织开展了“节能宣传周”“低碳日活动”“国企开放日”“地球 1 小时”等活动，宣传绿色低碳理念，引导客户应用节能新技术和新产品。2017—2021 年，南方电网公司累计组织节能展示中心（科学用电示范点）参观 50117 次，累计开展节能展示中心节能宣传活动 14852 次，累计举办节能降耗交流研讨班（推广会）560 期，共有 15322 户客户参加。

2. 需求响应

一是可调节资源库规模不断扩大。国家电网公司积极开展可调节负荷资源库建设，并纳入省级智慧能源服务平台统一管理，深化技术标准研究，打造需求响应示范项目，由个别省份的示范建设逐步扩大至多个省份较大规模开展，逐步推动需求响应常态化、规模化开展。2019 年，国家电网公司开始推动建立可调节负荷资源库，当年累计签约可调节负荷容量 1335 万千瓦；2020 年累计签约可调节负荷容量 2690 万千瓦；2021 年累计签约可调节负荷容量 3740 万千瓦，占最大用电负荷 4.0%，并纳入省级智慧能源服务平台统一管理。

二是积极开展需求响应。2021 年，国网经营区内 12 家网省公司开展需求响应 95 次，其中，削峰响应 80 次，填谷响应 15 次，削峰填谷规模达到 6241 万千瓦，通过填谷响应、分时电价机制以及参与辅助服务市场促进清洁能源消纳超 10 亿千瓦时，有力促进了电网供需平衡。南方电网公司印发《南方电网公司电力需求响应工作方案》，并推动各省份需求响应落地。其中，推动广东市场化需求响应落地运行，实现全省“一个市场、一套机制、一个平台”，经营主体包括负荷集成商（售电公司）、电力用户等，涵盖用户侧储能装置、充电桩、工业生产、制冷、制热等可调节负荷资源。在国内首创长效用户疏导机制，结合现货市场，从市场用户的价差收益中获取激励资金。内蒙古电力（集团）自 2022 年以来，以电力需求侧管理等重点任务为中心，推进负荷管理体系建设，围绕主体权责、响应方式等，配合内蒙古自治区能源主管部门，出台《内蒙古自治区蒙西电网需求侧响应实施细则（1.0 版）》。2024 年，配合自治区能源主管部门制定《需求响应交易方案》，编制《内蒙古电力市场多边交易需求响应实施细则》，纳入现货市场“1+8”规则体系，高度重视市场管理，目前该规则正在审定中。同时，以日前邀约型需求响应起步，建立多层级、常态化管理运行的 1.0 版需求响应体系，并推进需求响应和支撑机构实质化运行。2022 年 6 月 26 日首次组织响应，2023 年迎峰度冬期间，首次组织虚拟电厂以需求响应资源形式参与需求响应。组织实施需求响应以来，有效应对电网在电力供应短缺时可能出现的供用电矛盾和突发情况，促进电力资源优化配置，最大限度减少对工业生产的影响。

三是加强技术与标准体系研究。国家电网公司积极推动需求响应科技创新，制定发布《终端电能消费拓展与柔性互动研究框架》（公司“2020 重大攻关计划”7 个研究框架之一），针对可调节负荷资源潜力挖掘、资源库建设、分层分区聚合并参与电网互动、市场机制与商业模式设计等问题设置 6 个项目攻关小组，投入专项资金进行系统性研究。构建了覆盖需求响应系统软件、硬件终端、互操作接口、检验检测、业务管理 5 类要素的需求响应标准体系，编制需求响应国际、国家、行业、团体、企业标准 25 项，其中，《电力需求响应系统通用技术规范（GB/T 32672—2016)》为需求响应系统建设提供了架构基础，《电力需求响应信息交换规范（DL/T 1867—2018)》对标国际先进标准，为需求响应系统互联互通奠定了基础。

3. 电能替代

（1）各领域电能替代持续推进

国家电网公司聚焦工农业生产、交通运输、建筑供冷供热和居民生活等重点领域，推广电锅炉、电窑炉、热泵、冰蓄冷等成熟技术，积极推进示范工程建设，以点带面、成片推动，科学有序拓展电能替代的广度和深度。南方电网公司出台了电能替代工作指导意见，加快电网建设改造，积极创造电能替代实施条件，印发《南方电网电能替代“十三五”规划》和《南方电网公司“十四五”电能替代发展规划》，明确了“十四五”期间1800亿千瓦时的电能替代电量指标。同时，因地制宜大力推广电能替代技术，积极引导不同用能客户实施煤改电、油改电等，深度挖掘替代潜力，重点在电蓄冷空调、电锅炉、电磁厨房、电动汽车、港口岸电等13个领域推广实施电能替代。2017—2021年，南方电网公司累计推广实施电能替代项目4.8万个，实现电能替代电量1296亿千瓦时。

（2）加速提升电动汽车充电服务能力

南方电网公司大力推进充电基础设施投资建设，成立南方电网电动汽车服务有限公司，在南方五省区分别组建省级电动汽车运营公司，构建网省两级电动汽车产业服务体系。截至2021年底，南方电网公司电动汽车充电桩保有量达6.95万个，在南方区域充电桩市场占有率为22%，搭建了珠三角城际、海南岛环岛快速充电网络，打通北京至珠三角高速充电网络。打造南方电网统一对外充电服务品牌“顺易充”，平台注册用户71万人，加盟运营商296家，品牌影响力在南方区域排名第一。

（3）大力推动港口岸电设施建设

国家电网公司将港口岸电作为电能替代的重点领域大力推进，主导成立能源行业岸电技术标准化委员会，编制完成港口岸电设施标准体系（2021版），累计发布国标、行标、企标20余项，推动发布岸电接插件国家标准，统一了船岸接口规格，有力推动了岸电标准化进程。在此基础上，国家电网公司加快岸电工程实施，大力推进长江沿线岸电设施建设，打造了三峡坝区岸电实验区，建成车船一体化岸电云网服务平台，形成了可复制、可推广的长江岸电建设标准和服务模式。截至2021年底，国家电网公司累计建成投运岸电设施1203套，长江干线主要港口码头实现岸电全覆盖。同时，南方电网公司全力推动南方区域船舶靠港使用岸电工作，广东实现内河港口岸电全覆盖。

（4）完成“煤改电”清洁取暖工作

国家电网公司在京津冀及周边、汾渭平原重点区域积极推进“煤改电”清洁取暖工作，截至2021年底，累计投资1232亿元，完成“煤改电”采暖改造1183万户，新增供暖面积达到11.8亿平方米。2021—2022年，供暖季完成取暖电量272.92亿千瓦时，同比增长23.1%，创历史新高；2016年以来，累计完成取暖电量862亿千瓦时，减少散烧煤消耗4827万吨，减排二氧化碳0.84亿吨。国家电网公司连续5个采暖季提前排查配电线路和设施，消除用电安全隐患，强化电网应急处置，保障取暖电力可靠供应，推出便民服务举措，确保“煤改电”用户用电无忧，全面加强服务监督，提升服务质量和效率，圆满完成北方地区冬季居民“煤改电”清洁取暖保供电工作。

（5）大力宣传、倡导电能替代能源消费理念

电网企业综合运用报刊、广播、电视、网络以及户外广告等传播媒介，全方位宣传“以电代煤、以电代油、电从远方来”的电能替代理念，引导社会理解和支持电能替代，争取社会资源形成电能替代工作合力。

4. 绿色用电

（1）深入开展清洁能源消纳专项行动

南方电网公司构建清洁低碳的能源体系，深入开展清洁能源消纳专项行动，狠抓举措落实落地；主动做好各类非化石能源并网服务，加快“西电东送”通道建设，挖掘电源、负荷侧资源调峰潜力；通过构建“协议+市场”的跨省跨区电力交易模式，在保障协议优先发电计划电量充分消纳的基础上，进一步通过市场化临时交易促进清洁能源消纳。

（2）清洁能源占比快速增长

“十三五”期间，南方五省区可再生能源实现健康快速发展，水电、风电、光伏发电装机分别比“十二五”末增长22%、115%、1070%；非化石能源装机和电量占比连续5年超过50%，比“十二五”末分别提高了5.8个和3.7个百分点。通过促进电源结构清洁化，南方五省区“十三五”期间累计减少二氧化碳排放量5亿吨。

5. 智能用电

（1）电力需求侧管理平台功能不断丰富

国家电网公司已全面建成以“绿色国网”为互联网主入口，覆盖27家省公司的省级智慧能源服务平台。各省公司依托省级智慧能源服务平台、“绿色国网”累计实施楼宇用能优化项目超过3000栋，开展能效监测、需求响应、智能运维等在线服务超180万户次，综合能效诊断报告推送高压用户31.78万户104万份。建设运营案例库、产品库、解决方案库、服务商库等能效服务“四库”，提供产品、案例、服务商、解决方案等资源8400余项，注册行业用户数超5.8万户，2.3万家企业及服务商入驻平台。南方电网公司上线“南网在线”线上智慧营业厅，实现客户办电“一次都不跑”，依托丰富的后台数据做支撑，为客户量身定制各种增值服务，将能效服务、电能替代等打造为客户服务增值产品，满足不同客户的用电用能个性化需求，真正实现线上智能化用电体验。此外，南方电网公司建成南网电力需求侧管理平台，包括宏观经济分析、供需形势分析、电力需求侧管理目标责任考核、有序用电管理、需求响应等9个功能模块，提升电力需求侧管理智能化水平。

（2）持续配合推进新型电力负荷管理系统建设

2022年5月，《国家发展改革委办公厅、国家能源局综合司关于推进新型电力负荷管理系统建设的通知》（发改办运行〔2022〕471号）发布，就加强电力运行调节、深化电力负荷管理、成立电力负荷管理中心等工作进行部署。通知要求，2022年迎峰度冬前，各地基本建成负荷管理系统，力争负荷控制能力达到本地区最大负荷的5%，其中，夏季供需形势紧张的地区尽量在迎峰度夏前建成。同时，强调“电网企业应成立专业化的负荷管理机构，建立常态运行机制和应急响应机制”，并“落实负荷管理系统安全防护主体责任，强化风险管理”。南方电网公司按照网省两级部署、“网—省—市—县”四级应用的架构，建设上线了网省两级负荷管理系统，并打通调度、交易、营销等多个配套系统。整合升级需求响应、有序用电、负荷控制等业务，全面支撑负荷管理业务的开展。同时，遵循电力监控系统“安全分区、网络专用、横向隔离、纵向认证”的安全防护总体要求，制定公司网络安全防护方案，在现场安装带安全加密芯片的终端，建成新型电力负荷管理系统安全防护体系，实现负荷控制指令全链路安全防护。

（二）负荷聚合商实践经验

1. 国网综合能源服务集团有限公司多元化发展电力需求侧管理业务

国网综合能源服务集团有限公司（以下简称“国网综能”）于2013年成立，是国家电网公司全资子公司。国网综能的经营范围：电力供应；节能服务；储能系统、新能源、分布式能源与能源高效利用项目的投资、建设和运营；节能技术开发与转让；节能产品开发与销售；节能减排指标交易及代理；分布式能源并网服务的关联业务等。公司以电为中心延伸产业链价值链，大力发展综合能源服务战略性新兴产业，其中，电力需求侧管理是公司的重要业务领域。

国网综能在节约用电、电能替代、新能源供给消纳、需求响应、智能用电等方面都进行了积极的开拓并取得明显进展。例如，国网综能在华北电力大学北京校部建设多能互补的热水供应系统和综合智慧能源系统，实现能源数据智慧管理并节约用能用电成本。又如，国网综能“绿色国网”团队协同国网辽宁公司开展需求响应业务，已有3000余家当地企业签订需求响应协议，聚合可调节负荷资源404万千瓦，保障迎峰度夏期间辽宁电网安全运行和电力可靠供应。此外，国网综能还围绕新型负控系统、柔性负荷聚合等，协同各省综合能源公司，提供从资金到方案设计、技术集成、现场实施、系统维护、数据增值等一揽子服务。

在发展模式上，国网综能重视数字技术赋能电力需求侧管理创新发展。国网综能承担建设了功能多元，涵盖综合能源服务业务办理、资讯广告、交易撮合、线上赋能等服务，以及数据分析、技术咨询、监控展示、绿电交易、绿证交易和碳交易等数字技术服务的“绿色国网”平台。该平台入选工信部工业互联网创新发展工程（工业互联网平台应用创新推广中心项目）、物联网集成创新与融合应用类示范项目。在需求响应方面，国网综能将加大“绿色国网”平台引流赋能力度，积极参与电力需求侧响应和电力辅助服务市场，探索省间及跨区域业务；在节约用电方面，国网综能将依托“绿色国网”实现公共机构能源托管项目集中展示。

2. 东方电子集团有限公司探索数字化和电力需求侧管理融合发展

东方电子集团有限公司（以下简称“东方电子”）是集科研开发、生产经营、技术服务、系统集成于一体的国有控股高科技企业集团，是中国智能电网和综合能源管理的先行者、绿色低碳智慧能源系统解决方案主要供应商之一，是国内工控、工业软件、工业IT、工业互联网领域重要企业之一，在节能诊断方案设计、软硬件产品研制研发和集成实施等方面积累了丰富的经验。

在电力需求侧管理领域，东方电子的代表性业务是发展智慧综合能源服务，以物联网技术、云技术等为基础，提供涵盖多能全景监控、精细化能效管理、多能协同优化控制、智能运维、虚拟电厂等多维服务，助力各类用户提升能源管理水平，实现可靠供能、精细用能、高效节能的目标。东莞综合能源互联共享平台就是一个典型案例，通过建设一张高可靠性电网，建设N个位于电网侧或用户侧的综合能源项目，建设一个基于高可靠电网和综合能源站的能源互联共享平台，实现用能侧光伏、储能、柔性负荷、充电站、微网、智能配电房等主要综合能源元素的全覆盖，并在后续扩展建设为辐射东莞的综合能源服务平台。此外，东方电子和广东电网广州供电局共同设计并研制开发的“广州虚拟电厂管理平台”，引导用户建设企业用能管理系统，优化用电负荷，提高电能管理水平和利用效率。

3. 海澜电力有限公司积极开展需求响应和节能服务

海澜电力有限公司（以下简称“海澜电力”）成立于2010年6月，目前在江苏、浙江、上海、山东、河南开展电力交易，开拓综合能源服务，践行绿色发展。海澜电力的客户数量超20000户，年售电量450亿千瓦时，负荷集成实时响应能力约20万千瓦。

（1）推动信息化平台建设

海澜电力积极响应江苏建设需求侧管理信息化，动员企业接入电力需求侧管理平台，推动与公共建筑能耗监管平台的互联互通及数据共享，为实施智能用电提供多方位的技术支撑。

（2）推动负荷聚合

作为负荷聚合商，海澜电力接入负荷池用户4000户左右，安装监测点超过8000个，聚合中小负荷企业300多家参与需求响应。

（3）参与需求响应

2016年，海澜电力首次参加了江苏电力需求响应，响应负荷达到8万千瓦，有效完成响应。2017年以来，海澜电力积极参与迎峰度夏、削峰填谷需求响应，每次响应负荷15万~30万千瓦，为保障电力供需平衡和社会稳定做出贡献。

（4）促进节能减排绿色发展

海澜电力致力于推动企业能源应用高效化、智慧化、绿色化革新，引领节能降耗新理念、新方法、新成效，为生态文明建设做出贡献。在电力需求响应基础上深耕综合能源服务，为客户提供能源在线监测，对水、电、气等能源进行集成管理，综合人工智能、大数据分析，从源头上发现问题，并为企业提供综合能源智能化方案、解决方案，从根本上解决问题，提升用能管理水平，提升能源利用率，助力企业节能降耗、零碳发展。

4. 中能合科技公司打造平台推动电力需求侧管理工作

中能合科技公司以工业园区等电力用户集中区为单位投资建平台、运营平台、设立实体服务团队为园区企业提供综合能源、智能制造和节能减碳等服务，解决电力需求侧管理服务落地难题。

（1）构建电力在线监测系统

中能合科技公司通过园区与企业电力在线监测系统和监测数据，指导企业排查电能的“跑冒滴漏”问题，并对园区重点耗能企业出具综合能源方案、节能改造方案、智能制造方案等，降低企业用电 8%~15%。如服务湘阴农排电站、建华建材、凯博杭萧、长康集团、雪帝科技、金锥电力等企业均取得了很好的节电效果。

（2）推动低碳示范基地建设

中能合科技公司以湘阴县政府大楼和市民广场为基础建设低碳示范教育基地，推动零碳公务和新能源项目示范。该项目汇集了国内外先进的新能源风光发电设备、储能设备、节能设备、充电设备和智能用电设备，是一个能源综合利用和新能源“发、充、储、用”一体化的项目。此外，该项目是一个典型智能微电网实例，各品种能源得以充分利用、能效水平高、发用电高度互动和协同。

（3）推动绿电消纳

中能合科技公司与宁夏铁塔公司和移动公司合作建设基于通信基站闲置蓄电池资源的光伏消纳系统。通信基站是宁夏铁塔公司最主要的成本中心，特点是用电负荷在一定时期内非常稳定。通信基站很少停电，基站蓄电池基本处于闲置状态，造成资源的极大浪费。该项目采用智慧电池云管理技术，通过蓄电池自动充放电控制技术，在峰电价时段由蓄电池对负荷放电或按新能源交易电价上网，谷电价时段或新能源消纳时段对蓄电池进行充电，从而使宁夏铁塔公司的电费运行显著降低，也很大程度上平抑了地区电力负荷的波动。宁夏铁塔公司共有基站 10000 多个，每个基站电池平均 15 千瓦，按 50%放电容量计算，相当于一个 7.5 万千瓦的分布式储能站。投资回报周期为 3 年。

5. 山西风行测控股份有限公司积极推动虚拟电厂建设运营

山西风行测控股份有限公司（以下简称“风行虚拟电厂”）创立于 2003 年，是全国领先的电力交易技术支持商、虚拟电厂运营商和综合能源管理服务商，是山西省专精特新“小巨人”企业、省级电力交易辅助决策技术创新中心、省级企业技术中心，是国内 2022 年第一批虚拟电厂建设试点项目单位，具有虚拟电厂整体商业模式设计、用户调节潜力挖掘、技术平台建设、市场化运营、相关人才培养的全链条解决方案和以数据为驱动的虚拟电厂全流程核心技术。

风行虚拟电厂于 2023 年正式入市，是全国首座现货模式下的虚拟电厂。其重点在于“通信”“聚合”“优化”3 个方面，包括量测通信技术、协同控制技术以及优化决策技术，创新性挖掘水泥厂、铸造厂中磨机、电炉的调节潜力，将现货市场价格信号传导到用户，通过生产排产的优化，降低用电成本的同时，获取额外收益，再投入综合能源管理。

风行虚拟电厂技术支持系统，聚合可控用户侧负荷（建材、铸造、钢铁、冷库、蓄热锅炉、电解铝、写字楼等）、分布式电源、电动汽车和储能装置等资源，动态配置各资源潜力，参与需求响应、辅助服务、电能量市场（中长期、现货），作为整体参与市场化交易，提高议价能力，实现能源供应效益的最大化。

截至2024年9月，风行虚拟电厂持续参与山西电力交易市场中长期、现货、辅助服务市场相关交易。目前，风行虚拟电厂已聚合建材、铸造厂、工商业储能、分布式光伏、非金属矿物制品业、冷库、充电桩等用户侧资源，聚合容量308兆瓦，调节容量70兆瓦，年用电量规模15亿千瓦时，用户月均收益3~5元/兆瓦时。可实现政府、发电侧、电网、负荷聚合商电力用户/可调负荷五方价值，具备可复制性、可推广性，在保供应、促消纳、促转型方面具有显著影响。

（三）工商业用户实践经验

1. 国网江苏电动汽车服务有限公司

国网江苏电动汽车服务有限公司成立于2017年5月，由国网江苏省电力有限公司与国网智慧车网技术有限公司共同组建，是江苏最大的充电设施建设运营主体，并独家运营江苏高速公路服务区充电服务网络。国网江苏电动汽车服务有限公司依托智慧车联网平台丰富的数据资源，组建专业团队，为客户提供充换电建设运营、交通电动化服务和基于平台的车网互动3类核心业务。

国网江苏电动汽车服务有限公司围绕绿色低碳发展，以布局重要示范工程建设为支撑，加快融入新型电力系统建设，打造常州、苏州等车网互动标杆站，通过改造充换电设备，聚合形成5万千瓦可调负荷资源，代理充换电负荷参与3次假期填谷需求响应、辅助服务，促进消纳新能源，参与2022年夏季削峰需求响应，最大错峰1.5万千瓦，助力电力保供。

国网江苏电动汽车服务有限公司承接了省级政府监管平台运营，完善平台功能，开发通用数据接口，促进企业及个人站桩数据动态接入，定期发布行业分析报告；依托省级政府监管平台，聚合全社会充换电负荷资源，制定负荷调控策略并向各运营商平台推送。

2. 月星集团开展非公空调需求响应

月星集团，创立于1988年，核心业务包括商业地产、商业连锁、资本投资、家居产业等，是中国民营500强企业，品牌价值达10亿元，为一家业务多元化的大型集团，共有建筑13栋，总建筑面积为15万平方米，其中，2号楼为中央空调系统，共5.8万平方米。月星家居生活广场位于苏州太仓，广场功能定位为中高端软装家居、商务办公、物流集散，已运营8年。

月星家居生活广场由10千伏双回路电源供电，装接容量9800千伏安，日常运行负荷约3500千瓦，主要用电系统包括空调、照明、电梯、动力等，用电占比最高的是空调和照明，其中，空调用电负荷约占35%。月星家居生活广场的中央空调系统配置有主机3台，包括地源热泵机组2台和单冷式冷水机组1台。地源热泵机组制冷容量为2251千瓦，电功率为400千瓦；单冷式冷水机组制冷容量为2251千瓦，电功率为400千瓦。单冷空调机组配套的冷却泵有2台，单机功率均为75千瓦，与热泵空调机组配套的地源泵有3台，单机功率均为90千瓦；3台空调机组共用4台室内冷暖循环水泵，单机功率均为75千瓦。

2015年，月星集团与北京慧和仕科技有限责任公司签订了电力需求响应合作协议，并在该公司支撑下，通过在用户侧安装负荷采集模块、温湿度传感器、空调机组通信板及需求响应终端，完成了空调需求响应能力建设，并可实现300千瓦的柔性调节能力。通过关停3台机组，预计可最大降低负荷1000千瓦。调控响应时间为5分钟，可持续时间为30~60分钟。

同时，部署1套楼宇管控系统，运行人员通过该系统，可进行数据查询、空调系统远程管理。

系统建成后，月星集团连续多年参与江苏省电力需求响应。在2022年夏季响应期间，月星集团通过需求响应终端，按照调控策略自动实现机组出水温度调节和关闭1台机组，在正常营业、保障顾客舒适性前提下，成功释放需求响应能力，实现单日最大响应量达600千瓦，并获得1.8万元的需求响应补贴。

3. 南京推动数据中心参与需求响应

南京作为省会城市，目前共有数据中心27座，典型负荷约17万千瓦，包括中国电信、中国移动、中国联通、苏宁集团和其他公司下属数据中心。数据中心具备电力实时响应、可转移、可调节能力，是一种庞大的新型需求响应主体。调控策略主要通过短时启动柴油发电机、UPS电源供应部分用电设备，在保障数据中心稳定运营的前提下减少市电。初步测算数据中心负荷理论最大可调能力可达6万千瓦。如数据中心能让出6万千瓦响应能力，则可保证30家平均生产负荷为2000千瓦的重点工业企业正常生产，保障经济社会平稳运行。

为引导数据中心在用电紧张时期参与电网调节，南京市政府与电网企业通过走访南京主要数据中心，宣贯需求响应政策，组织数据中心参与申报需求响应。以南京移动为例，2022年8月5—22日用电高峰期间，累计运用柴油机发电40小时，平均降低日负荷6300千瓦，涉及江宁科学园、溧水华东大区物流、浦口高新、六合龙池等核心通信机楼，在不影响数据业务的前提下，有效缓解了持续高温下南京电网的运行压力。

南京拟从三个方面进一步完善数据中心需求响应工作机制。一是推动优化市场激励机制，充分利用市场化手段引导数据中心客户主动“错峰让峰”生产。二是开展数据中心自动需求响应建设，通过精细化用能分析、优化运行策略等措施，提升数据中心参加需求响应的自动化、实时化水平。三是深入研究数据中心能源流与业务流、数据流结合模式，推动中国移动、中国电信、苏宁集团等数据中心用户通过时序上业务转移（如部分数据处理业务转移到夜间）、空间上算力转移（如移动公司在江宁的业务转移到江北）等方式深度参与电网互动。

第六章

展望与建议

一、电力需求侧管理展望

当前，新型能源体系和新型电力系统建设正在加快推进，电力系统形态发生深刻变革，源网荷储各环节呈现新特征，终端用能电气化持续提升，电力市场化改革不断深化。在此背景下，电力需求侧管理既面临需求侧资源规模不断扩大、种类日益多元、灵活调节潜力渐趋显现的基础条件，又面临电力系统综合调节能力需求持续快速上升、绿色低碳转型与数智化升级进程加快、市场化交易电量与占比不断提高、市场机制与价格机制不断完善的大好机遇。全面调动和激活电力需求侧资源潜力，通过市场主导、技术创新、产业培育、标准引领等系列手段，将零散、无序的需求侧资源汇聚为集中、有序的系统支撑能力，是扎实推进电力需求侧管理工作的重要工作方向。

《电力需求侧管理办法（2023 年版）》的印发，对电力需求侧管理提出了更高的工作要求和更多的重点举措，其目标是以从电力需求侧促进安全降碳为要旨，从节约用电、需求响应、绿色用电、电能替代、智能用电、有序用电等 6 个维度，全面深入推进电力需求侧管理，在有力推动电力消费绿色低碳变革、增强电力供应链安全稳定性、助力新型电力系统和新型能源体系建设、促进电力经济高质量发展等方面发挥积极作用。与原《电力需求侧管理办法》相比，《电力需求侧管理办法（2023 年版）》一方面沿用并完善了节约用电、有序用电、智能用电等方面的内容，另一方面新增并拓展了需求响应、绿色用电、电能替代等方面的内容，既体现了对电力需求侧管理节约电力电量、保障电力运行安全等方面作用的继续巩固，又体现了电力需求侧管理提高电力系统综合调节能力、促进电力消费绿色低碳转型、引入数智技术赋能用电行为和电力产业等方面新作用的发挥。《电力需求侧管理办法（2023 年版）》预期对电力需求侧管理工作的开展起到很好的引导和促进作用。

展望未来，与传统电力需求侧管理相比，下一阶段进一步优化和完善电力需求侧管理有几个突出的新特征和需要重点加强的方面。

（一）继续坚持节约优先

2023 年 7 月，习近平总书记主持召开中央全面深化改革委员会第二次会议强调，“要一以贯之坚持节约优先方针，更高水平、更高质量地做好节能工作，用最小成本实现最大收益”。党的二十届三中全会《决定》提出，“建立能耗双控向碳排放双控全面转型新机制”。节约电力电量是开展电力需求侧管理的初衷，在新的电力供需形势和电力系统形态下，下一阶段电力需求侧管理在节约用电方面，要加强与节能降碳政策衔接，以务实举措推动节约用电取得更大实效。

（二）更加突出灵活调节

在新型电力系统中，由于新能源发电自身无法提供可靠支撑，“极热无风”“晚峰无光”“极寒少光”等问题给电力供需平衡带来了严峻挑战。同时，我国电力系统灵活调节能力建设相对滞后，目前调节电源仍以煤电为主，气电、抽水蓄能等灵活调节电源装机占比仍然偏低，无法满足需要且面临成本高等经济性挑战。通过电力需求侧管理，挖掘和激活需求侧资源潜能，是提升电力系统调节能力的重要途径。随着新能源占比的持续提升，这一需求将日趋急迫。近年来，需求响应等工作虽取得一定成效，但各地进度不一、响应能力差异较大、尚未常态运行，电力需求侧管理在提升电力系统调节能力中发挥作用的任务还很艰巨。

（三）强化绿色低碳发展

党的二十大报告提出“倡导绿色消费，推动形成绿色低碳的生产方式和生活方式”。党的二十届三中全会《决定》提出“健全绿色消费激励机制”。在能源领域，电能是清洁、高效、便捷的二次能源，电力是能源清洁低碳转型的关键领域，推进绿色用电也是促进绿色消费的关键抓手。目前，绿色用电已经越来越受到电力用户的青睐，但是仍然面临着成本价格、供应来源、消费凭证等方面的难点、堵点。下一阶段，电力需求侧管理需要从电能替代和绿色用电两个方面协同发力，在提高终端用能电气化水平的同时提高绿色电力消费占比。

（四）积极发挥市场作用

近年来，我国电力市场建设稳步有序推进，市场化交易电量比重大幅提升。党的二十届三中全会《决定》提出“健全绿色消费激励机制”。“建设全国统一电力市场”。电力市场机制需要适应新型电力系统建设，而电力资源的优化配置也需要更好地发挥市场的决定性作用。随着我国电力市场功能不断拓展，电力需求侧资源参与市场也面临更多的可能性。各地积极推进需求侧资源通过辅助服务市场、现货电能量市场参与电力市场的模式创新。其中，全面推进需求响应市场化常态运行是下一阶段的重要工作，通过培育形成政策标准完善、理念技术先进、应用场景丰富的需求响应新业态，使需求响应有效助力电力系统安全、经济、绿色运行。

（五）数智赋能融合创新

我国已进入数字经济时代，数智化技术与实体经济正加速融合。电力系统转型升级面临诸多挑战，源网荷储各环节均迫切需要数智化技术深度融合，支撑源网荷储友好互动。“云大物移智链”等数智化技术与电力系统的融合日益加深，智能电网、虚拟电厂、数字电厂、能源互联网等新业态、新模式开始涌现，我国电力数智化进程也驶入“快车道”。在此背景下，下一阶段需要将智能用电作为贯穿电力需求侧管理的重点工作。

二、进一步完善电力需求侧管理的建议

当前，新型电力系统和全国统一电力市场正在加快构建，电力需求侧管理将向绿色化、数智化、市场化相融合方向发展。建议在《电力需求侧管理办法（2023 年版）》基础上，进一步完善相关政策，促进电力需求侧管理更好地适应与助力新型电力系统建设。

（一）加强顶层设计，细化政策体系

1. 健全和完善电力需求侧管理法制规制综合保障体系

及时将电力需求侧管理措施纳入《能源法》《电力法》《节约能源法》等相关法律法规或专门制定电力需求侧管理有关规章。推进《电力需求侧管理办法（2023 年版）》《电力负荷管理办法（2023 年版）》等规范性文件落实见效，结合电力需求侧管理实践创新，考虑研究“虚拟电厂管理办法”“车网互动管理办法”等细分领域的规范性文件。

2. 在能源电力规划中进一步明确电力需求侧管理的功能定位和发展方向

在“十五五”国家和地方能源、电力发展相关规划中，进一步明确和突出电力需求侧管理工作任务和作用，将电力需求侧管理与可再生能源开发利用、电力系统综合调节能力建设、电力安全保供、电力低碳转型等内容统筹规划。鼓励各地出台电力需求侧管理工作细则、实施方案等指导性文件，因地制宜创新开展电力需求侧管理工作。

3. 加快健全电力需求侧管理标准体系

构建结构优化、先进合理、统一规范的电力需求侧管理标准体系，推动标准化与科技创新互动发展。政府主管部门依法组织制定、修订电力需求侧管理相关国家标准、地方标准、行业标准，鼓励有关单位和企业制定电力需求管理团体标准、企业标准。积极推动电力需求侧管理基础通用标准，以及产品、服务、管理等标准研制，推动标准实施和动态调整。强化标准实施应用，加强标准制定和实施的监督。

（二）优化平台建设，更新技术装备

1. 优化电力需求侧管理平台功能

鼓励各地政府主管部门、行业协会、企业、科研机构等共同参与，积极推进电力需求侧管理相关平台建设，结合先进数字技术与用电技术，重点加强平台在数据采集、数据分析、决策支持、交易实施等方面的功能，真正使平台“用起来”。加强各级各类电力需求侧管理平台的信息共享与业务打通，推动电力需求侧管理相关平台与能源、经济、气象、建筑等大数据平台互联互通。电力需求侧涉及用户规模大、覆盖面广、业态多元，是电力数据要素最具潜能的领域。要积极探索“数据要素×电力需求侧”的应用场景，提升电力需求侧精细化管理水平，加强电力需求侧数据融合创新。

2. 推动电力需求侧技术创新和设备更新

进一步加强节约用电、需求响应、电能替代、节约用电、绿色用电、智能用电、有序用电等各领域的技术研发，及时将先进技术和经验加以推广应用。结合业态模式创新趋势，重点推进新型储能、虚拟电厂、车网互动、智能微电网等技术在电力需求侧管理的创新应用。结合大规模设备更新和消费品以旧换新行动，将电力需求侧管理作为电力领域装备设备更新的重点领域。加快推广能效达到先进水平的用电设备，分行业、分领域实施有利于节约用电的设备更新改造。严格落实能耗、排放、安全等强制性标准和设备淘汰目录要求，依法依规淘汰不达标的用电终端设备。推动工业、商业、建筑、交通、农业农村等领域用电基础设施和终端设备的智能化改造升级，构建协作互联、安全可控的智能用电融合基础设施和装备设备。

（三）坚持因地制宜，地方积极探索

1. 鼓励地方因地制宜优化电力需求侧管理政策与工作

基于电力需求侧管理城市综合试点和需求响应试点的经验，对标碳达峰碳中和与新型电力系统建设目标，鼓励地方积极探索适应本地电力供需形势、电力系统特征、电力市场条件的电力需求侧资源潜力挖掘与实践创新。具体来说，一是鼓励各地进一步细化本地的电力需求侧管理相关政策和细则，开展各具特色、各有侧重的电力需求侧管理实践探索；二是鼓励各行业根据行业运行和生产经营实际，挖掘电力需求侧管理的潜力，培育需求侧资源，通过试点项目、示范工程等，探索本行业参与电力需求侧管理的创新模式和推广经验；三是鼓励综合能源服务公司、售电公司、负荷聚合商、电力用户等多种类型的经营主体，结合企业的技术优势和生产经营情况，积极开展电力需求侧管理的技术创新和商业模式创新。

2. 加强电力需求侧管理的宣传培训和经验交流

鼓励政府部门、经营主体、行业协会等积极开展电力需求侧管理知识、政策、技术、标准等方面的教育培训，建设高水平的专业从业人员队伍，提升政府部门管理人员的管理水平。支持电力需求侧管理教育培训平台和培训机构、培训中心开展相关教育培训工作，鼓励通过在线教育、直

播培训等新方式，加速拓展教育培训的广度和深度。推进电力需求侧管理工作和绩效统计能力建设，完善电力需求侧管理相关统计指标和统计分析方法。加强各地电力需求侧管理实践经验的交流共享，推进政府主管部门或者行业协会组织编写电力需求侧管理工作指南、典型案例汇编等材料，及时总结交流电力需求侧管理实践经验，促进先进技术、管理模式、工艺流程等应用推广。

（四）参与电力市场，体现多元价值

1. 以需求响应为重点，全面推动需求响应市场化常态运行

因地制宜精准施策，加快推进需求响应与各省级电力市场融合发展、常态化连续运行，提升电力批发市场和电力零售市场之间的信息传递时效，培养电力用户参与需求响应的意识，形成政策标准完善、理念技术先进、应用场景丰富的需求响应新业态，支撑电力系统安全、经济、绿色运行。

2. 鼓励和支持电力需求侧多元化新型主体参与电力市场

进一步明确和优化电力市场体系中各类市场的准入门槛，形成无歧视、标准化的准入规范，使新型主体可根据自身资源禀赋条件参与市场。对于已启动现货连续运行特别是进入正式运行的省份，基于现行市场架构与基础条件，完善相应市场机制和价格机制，构建电力需求侧新型主体融入现有电力市场体系的业态和模式。进一步完善电力辅助服务交易规则，鼓励需求侧资源根据自身技术条件参与电力辅助服务交易获得经济激励，重点通过聚合等方式提高需求侧资源参与市场能力和系统可靠性。加快推进容量市场建设，在优化现有容量补偿机制的基础上，探索推动容量市场中灵活性调节资源容量补偿或容量市场化竞价，并引入市场化手段对无法响应承诺容量的各类型主体进行考核。

（五）重视数字赋能，创新业态模式

1. 加强电能服务产业培育与业务拓展

支持建设专业化的电能服务企业、评估评价机构和教育培训机构，为终端用能企业提供全方位的电能服务，培育一批具有国际竞争力的产业领军型企业。鼓励社会资本以多种形式参与电能服务市场。鼓励电能服务科技创新研究，助力数字新型基础设施建设，形成一批具有创造性、适应电能服务市场化的产品。进一步完善、更新全国范围开展电能服务推荐产品（技术）征集并向全社会进行推广。强化第三方行业组织的平台效应。完善电能服务行业协会和产业联盟的组织形式，以行业组织为主体构建资源共享、互助协作的平台，提升上下游企业、科研院所、金融机构等主体的协同互动能力。

2. 推进数智化技术与电力需求侧管理深度融合

结合电力需求侧管理内涵拓展，推进数智化技术在电力需求侧管理各方面工作的融合。在节约用电方面，运用数智化技术，通过生产工艺优化和管理效率提升，促进电力用户的技术节能和管理节能，从而促进电力电量的节约。在需求响应方面，运用数智化技术促进实时需求响应能力建设，实现需求响应资源的可观、可测、可调、可控。在绿色用电方面，运用数智化技术提升超短期、短期、中长期等不同时间尺度新能源功率预测的准确性和高效性，支撑电网优化调度源网荷储各环节各类调节资源，提高可再生能源消纳利用水平。在电能替代方面，在持续提升工业、建筑、交通等重点领域电气化水平的同时，运用数智化技术，提升终端用电的便捷度。在智能用电方面，促进数智化技术与用电技术的融合应用，积极拓展智能工厂、智能园区、智能楼宇、智能电网、智慧城市等多元化应用场景，从电力需求侧积极探索创新，促进电力系统数智化升级。

重要术语索引

参 考 文 献

[1]曹鑫，马浩原，黄津明，等．电力需求侧响应在中国的实践和创新[J]．能源与节能，2024(3)：20-23.

[2]曾鸣，王俐英．“双碳”目标下的电力需求侧管理进阶与变革[J]．中国电力企业管理，2021(10)：23-25.

[3]傅质馨，李紫嫣，朱俊澎，等．“双碳”目标下需求侧管理机制研究综述及展望[J]．电力信息与通信技术，2023，21(2)：1-12.

[4]霍沫霖，刘小聪，谭清坤，等．我国电力需求响应政策的实践与思考[J]．中国能源，2022，44(7)：35-43.

[5]李云卿．系统推进“十四五”时期电力需求侧管理高质量发展[J]．电力需求侧管理，2021，23(1)：1-3.

[6]栾凤奎，刘小聪，吴鹏．2018 年我国电力需求响应实践与探索[J]．中国电力企业管理，2019(1)：45-47.

[7]宋莉，刘敦楠，庞博，等．需求侧资源参与电力市场机制及典型案例实践综述[J]．全球能源互联网，2021，4(4)：401-410.

[8]宋宗耘，张健，郑泽东，等．电力需求侧管理政策激励过程的动态演化博弈分析[J]．中国电力，2019，52(10)：54-64.

[9]王海龙．准确把握形势，紧密结合改革　统筹做好 2019 年全国电力需求侧管理工作[J]．电力需求侧管理，2019，21(1)：1-3.

[10]王娟，邓良辰，冯升波．“双碳”目标下，能源需求侧管理的意义及发展路径思考与建议[J]．中国能源，2021，43(9)：50-56.

[11]王娟，周伏秋，许文．新形势下推进电力需求侧管理财政政策研究[J]．地方财政研究，2018(7)：43-47，73.

[12]王志轩．中国电力需求侧管理变革[J]．新能源经贸观察，2018(9)：27-34.

[13]张素芳，黄韧，陈文君．新形势对电力需求侧管理的影响及政策创新探讨[J]．华北电力大学学报(社会科学版)，2019(3)：25-31.

[14]张天米，王俐英，王永利，等．新型电力系统下需求侧管理机制及发展策略研究[J]．四川电力技术，2024，47(2)：75-80.

[15]赵辰昕．新形势下电力需求侧管理工作需协同推进[J]．电力需求侧管理，2017，19(6)：1-3.

[16]赵紫原，郭玲．下足细功夫　释放大效能：国网江苏电力深耕需求侧管理[J]．中国电力企业管理，2023(28)：37-40.

[17]周伏秋．高质量发展新时代电力需求侧管理升级方向[J]．电力需求侧管理，2020，22(1)：1-2.

[18]周伏秋．新《电力需求侧管理办法(2023年版)》解读[J]．电力需求侧管理，2023，25(6)：116-121.

[19]Didden M H，D'Haeseleer W D. Demand side management in a competitive european market：Who should be responsible for its implementation?[J]．Energy Policy，2003(13)：1307-1314.

[20]向军．电力需求侧管理在我国的应用现状及相关建议[J]．徐州工程学院学报(社会科学版)，2010(1)：21-23.

[21]MARCUS B，DANIEL L，DIRK P，et al. Demand side management based power-to-heat and power-to-gas optimization strategies for PV and wind

self-Consumption in a residential building cluster[J]. Energies, 2021, 14(20).

[22]MAJID H M, RIZWAN A, ALI M Z, et al. Demand side management techniques for home energy management systems for smart Cities [J]. Sustainablilty, 2021, 13(21).

[23]BURMAN E, JAIN N, DE-BORJA-TORREJÓN M. Towards net-zero carbon performance: Using demand side management and a low carbon grid to reduce operational carbon emissions in a UK publicoffice[J]. Journal of physics: Conference series, 2021, 2069(1).

[24]IEA/OECD. The power to choose: Demand response in liberalized electricity markets[R]. Paris: IEA Publications, 2010.

[25]STRBAC G, FARMER E D, CORY B J. Framework for the incorporation of demand-side in a competitive electricity market [J]. IEE Proceedings: Generation, transmission and Distribution, 1996, 143(3): 232-237.

[26]WALAWALKAR R, FERNANDS S, THAKUR N, et al. Evolution and current status of demand response(DR) in electricity markets: Insights from PJM and nYISO[J]. Energy, 2010, 35(4): 1553-1560.

[27]张嘉慧．多元用户需求响应激励机制优化组合研究[D]. 北京：华北电力大学，2018.

[28]SAMAD T, KOCHE, STLUKA P. Automated demand response for smart buildings and microgrids: The state of the practice and research challenges [J]. Proceedings of the IEEE, 2016, 104(4): 726-744.

[29]YOUSEFI A, NGUYEN T T, ZAREIPOUR H, et al. Congestion management using demand response and FACTS devices [J]. International journal of electrical power & energy systems, 2012, 37(1): 78-85.

[30]WANG S Y, BI S Z, ZHANG Y J A. Demand response management for profit maximizing energy loads in real-time electricity market[J]. IEEE Transactions on power systems, 2018, 33(6): 6387-6396.

[31]WANG L, HOU C Q, BIN Y, et al. Optimal operation analysis of integrated community energy system considering the uncertainty of demand response [J]. IEEE Transactions on power systems, 2021, 36(4): 3681-3691.

[32]闫华光，陈宋宋，钟鸣，等．电力需求侧能效管理与需求响应系统的研究与设计[J]．电网技术，2015，39(1)：42-47.

[33]WANG F, XU H C, XU T, et al. The values of market-based demand response on improving power system reliability under extreme circumstances[J]. Applied energy, 2017, 193: 220-231.

[34]代业明，高岩．具有多类资源多类用户智能电网实时定价决策[J]．系统工程理论与实践，2015，35(9)：2315-2323.

[35]张晶，孙万珺，王婷．自动需求响应系统的需求及架构研究[J]．中国电机工程学报，2015，35(16)：4070-4076.

[36]江秀臣，刘亚东，傅晓飞，等．输配电设备泛在电力物联网建设思路与发展趋势[J]．高电压技术，2019，45(5)：1345-1351.

[37]曾鸣，王雨晴，李明珠，等．泛在电力物联网体系架构及实施方案初探[J]．智慧电力，2019，47(4)：1-7.

[38]张亚健，杨挺，孟广雨．泛在电力物联网在智能配电系统应用综述及展望[J]．电力建设，2019，40(6)：1-12.

[39]刘坚，熊英，金亨美，等．电动汽车参与电力需求响应的成本效益分析：以上海市为例[J]．全球能源互联网，2021，4(1)：86-94.

[40]张茂群，尚玉敏，季彦娇．电力需求侧管理对策研究[J]．科技信息，2008(18)：615，663.

[41] 杜滨．电力需求侧管理技术研究[D]．保定：华北电力大学，2008.

[42]胡兆光．资源战略规划在电力需求侧管理中的应用和实践[M]．北京：中国电力出版社，2012.

[43]王志轩．中国电力需求侧管理变革[J]．新能源经贸观察，2018(9)：29-36.

[44]蔡建华．我市电力需求侧管理的现状分析及建议[J]．科技创新与应用，2019(10)：185-186.

[45]周伏秋，夏鑫．电力需求侧管理城市综合试点工作重点与财政激励政策[J]．电力需求侧管理，2012，14(5)：1-3.

[46]刘小聪．实施电力需求响应促进供需协调优化[N]．国家电网报，2020-09-15(8).

[47]谭琦璐，赵晓东，王民昆，等．我国西南电网辖区电力需求侧响应现状及优化发展建议[J]．中国能源，2023，45(4)：63-74.

[48]叶泽．深化电力市场机制改革的六点建议[J]．中国电力企业管理，2023(10)：35-38.

[49]周伏秋，王娟，赵晓东，等．创新优化电力需求响应，支撑新型电力系统建设[J]．电力需求侧管理，2023，25(1)：1-4.

[50]赵晓东，王娟，周伏秋，等．构建新型电力系统亟待全面推行电力需求响应：基于11省市电力需求响应实践的调研[J]．宏观经济管理，2022(6)：52-60，73.

[51]白雪敏，张如意，徐璐．电改背景下售电商分时电价优化策略研究：考虑用户侧价格型需求响应的分析[J]．价格理论与实践，2021(10)：54-57，193.

[52]刘青，张莉莉，李江涛，等．“十四五”期间中国电力需求增长趋

势研判[J]. 中国电力，2022，55(1)：214-219.

[53]单葆国，冀星沛，姚力，等. 能源高质量发展下中国电力供需格局演变趋势[J]. 中国电力，2021，54(11)：1-9，18.

[54]曾鸣，马嘉欣，许彦斌，等."双碳"目标下虚拟电厂参与调峰产品交易的机制与路径探索[J]. 价格理论与实践，2021(10)：9-14.

[55]寇岩，刘宇明，郭亮. 现货市场模式下电力零售市场建设思路[J]. 电网技术，2021，45(9)：3417-3423.

[56]王彩霞，时智勇，梁志峰，等. 新能源为主体电力系统的需求侧资源利用关键技术及展望[J]. 电力系统自动化，2021，45(16)：37-48.

[57]赵晓东，杜小泽，曾鸣. 商业综合能源系统经济性分析[J]. 电力需求侧管理，2019，21(4)：87-92.

[58]陈宋宋，李德智. 中美需求响应发展状态比较及分析[J]. 电力需求侧管理，2019，21(3)：73-76，80.

[59]高赐威，陈曦寒，陈江华，等. 我国电力需求响应的措施与应用方法[J]. 电力需求侧管理，2013，15(1)：1-4，6.

[60]李成仁. 电力市场中可中断电价机制设计[J]. 能源技术经济，2012，24(4)：11-15+38.

[61]谭显东，胡兆光. 投入产出表外推及主导产业研究[J]. 华北电力大学学报(自然科学版)，2008(3)：84-89.

[62]张钦，王锡凡，王建学，等. 电力市场下需求响应研究综述[J]. 电力系统自动化，2008(3)：97-106.

[63]金骆松. 探索运用电价优惠政策削减尖峰负荷的路径：可中断电价分析及模型设计[J]. 价格理论与实践，2007(11)：36-37.

[64]杨志荣，劳德容. 何为"电力需求侧管理"[J]. 电力需求侧管理，1999(1)：37-38.

[65]国家经贸委考察团．美国、加拿大电力需求侧管理考察报告[J]．电力需求侧管理，2002(3)：58-60.

[66]黄韧，张素芳．主要发达国家电力需求侧管理的实践及启示[J]．华北电力大学学报(社会科学版)，2020(6)：47-55.

[67]刘健，杨小沙．电力需求侧管理研究[J]．华北电业，2000(7)：12-14.